GEGENWELT
Rauschgift

Peter Leippe

GEGENWELT
Rauschgift

Kulturen und ihre Drogen

Die Deutsche Bibliothek - CIP-Einheitsaufnahme

Leippe, Peter:
Gegenwelt Rauschgift: Kulturen und ihre Drogen / Peter Leippe. – 1.Aufl. – Köln: vgs, 1997
ISBN 3-8025-1334-7

1. Auflage 1997

© vgs verlagsgesellschaft, Köln
Alle Rechte vorbehalten.
Lektorat: Susanne George
Bilddokumentation: Ursula Hutt
Bildredaktion: Katharina Tilemann
Umschlaggestaltung und Innenlayout: Heike Unger, Köln
Reproduktionen: Reprowerkstatt Wargalla, Köln
Druck: Druckhaus Beltz, Hemsbach
Printed in Germany
ISBN 3-8025-1334-7

VORWORT

Die Suche nach Rauschzuständen ist so alt wie die Menschheit – seit jeher hat der Mensch in ihnen eine Möglichkeit gesucht, die Grenze zwischen sich und der Welt zu überwinden, hat er versucht, einem Gefühl von Einsamkeit zu entfliehen, das uns Menschen von allen anderen Lebewesen unterscheidet. Wir können es nicht begreifen, nur ein Teil der Natur zu sein; als mit Bewußtsein und Intelligenz ausgestattete Wesen haben wir uns von ihr entfernt und uns, gemäß dem biblischen Gebot, als „Krone der Schöpfung" die Erde untertan gemacht. Dafür zahlen wir aber auch einen Preis. Die Alpträume, die uns manchmal heimsuchen, haben ihren Grund in dieser Einzigartigkeit und Einsamkeit der menschlichen Gattung.

Die jahrtausendealte Sehnsucht nach Aufgehobenheit hat die Menschheit zu „Rauschgiftsüchtigen" gemacht. Überall hat die Natur nämlich Pflanzen bereitgestellt, deren Verzehr uns in einen vormythischen Zustand zurückfallen lassen. Wie schlafwandlerisch hat der „einsame" Mensch sie gefunden und gekostet. Ob es uns paßt oder nicht, der Rausch bietet die einzige Möglichkeit, sich mit dem Kosmos verbunden zu fühlen, und der Gebrauch von Rauschmitteln gehört zur Entwicklung der Menschheit wie die Sprache oder der aufrechte Gang. Jedes Volk der Erde, zu jeder Zeit der Geschichte oder Vorgeschichte, suchte sich seine Rauschzustände. Schon die Steinzeitnomaden kannten die stimulierende Wirkung bestimmter Pflanzen. Die Fertigkeit, Bier zu brauen oder Wein zu keltern, wurde von der Hochkultur der Sumerer, Ägypter und der klassischen Antike zur Entfaltung gebracht. Wobei, und das zeigt dieses Buch, Kulturgesellschaften und Kulturepochen auch anhand ihrer bevorzugten Rauschmittel beschrieben werden können: Während beispielsweise das Juden- und das Christentum dem Wein zugetan sind, greift man im alkoholabstinenten Islam zum Haschisch.

Allerdings hielt sich die „Giftigkeit" der Drogen über Jahrtausende hinweg immer in Grenzen. Entweder hatten Schamanen und Priester ein Monopol auf den Gebrauch der Rauschgifte und wußten genau um die Gefährlichkeit bestimmter Pilze, Früchte und Wurzeln; oder aber der „Rauschgenuß" blieb zeitlich begrenzt. Das graue Alltagsleben ließ sich besser ertragen, wenn es durch regelmäßige „berauschende Feste" unterbrochen wurde.

Erst die Moderne hat aus den oft verhältnismäßig milden Stimulantia der Natur die Wirkstoffe destilliert, vermarktet und jedermann zugänglich gemacht – woraus, trotz der späteren Versuche gesetzlicher Regelung, eines der größten Zukunftsprobleme der Menschheit erwachsen ist. Zu der Gegenwelt des Rauschgifts, die für bestimmte Zeit in eine andere Wirklichkeit entführt, ist eine ganz reale Gegenwelt der Flucht, Abhängigkeit und Kriminalität gekommen.

Als wir uns entschlossen, eine vierteilige Fernsehreihe zum Thema „Rauschgift" im ZDF-Programm auszustrahlen, haben wir bewußt nicht die politisch-gesellschaftliche Dimension der heutigen Drogenproblematik ins Zentrum der Dokumentation gestellt. Im Gegenteil, gerade die Darstellung der Vielfalt der Rauschstimulantia in der Natur und das Eintauchen in die Kulturgeschichte des Rauschgiftes – soweit das für eine Fernsehreihe in diesem Umfang möglich ist – muß ohne das Pro und Contra der öffentlichen Debatte auskommen. Wie ein „Vademecum", wie eine Art Reiseführer erkunden die in sich abgeschlossenen Filme die Kontinente dieser „Gegenwelt". Das Öffentlich-Rechtliche Fernsehen sieht seine Aufgabe darin, gerade nicht an der reißerischen Oberfläche eines solchen Themas zu bleiben, sondern es in seiner ganzen Bandbreite darzustellen. Drogensucht also nicht als Aufputschmittel für den Quotenrausch. Da aber Fernsehen immer auch ein flüchtiges Medium bleibt, hat Peter Leippe ergänzend zu seiner Dokumentation das vorliegende Buch geschrieben. In sieben Hauptkapitel gegliedert, erhält der Leser hier wesentlich mehr Informationen und Verweise, als das in einer Fernsehreihe möglich ist.

„Gegenwelt Rauschgift" ist eine Kulturgeschichte der Rauschmittel, eine Entdeckungsreise zu den Heilpflanzen Mittel- und Südamerikas, eine Wiederentdeckung der Flower-power-Zeit und eine deprimierende Geschichte des Opiums und Heroins. Die entscheidende Bedeutung der Drogen für die Medizin wird genauso behandelt wie die Themen Designer-Drogen und Coca, Kokain und das Crack-Problem.

Das Buch wendet sich – natürlich über alle Interessierten hinaus – auch an junge Menschen, an ihre Eltern und Lehrer, die sich nirgendwo sonst in so prägnanter Form über die „Gegenwelt Rauschgift" informieren können. Denn was man im allgemeinen über Rauschmittel und Drogen lesen kann, sind entweder die oft mit erhobenem Zeigefinger verfaßten Broschüren mit der lobenswerten Absicht, vom Drogenkonsum abzuschrecken, oder dickleibige Handbücher zur Kultur- und Medizingeschichte der Rauschgifte, die für die wissenschaftliche Forschung unentbehrlich sind, für den interessierten Laien jedoch nur bedingt taugen. „Gegenwelt Rauschgift" zeigt darüber hinaus wichtige Zusammenhänge, z. B. daß erst der „Prozeß der Zivilisation" eine Steigerung der „Giftigkeit" von Coca-Blättern und Mohnkapseln mit sich brachte, weil mit der Isolierung ihrer Wirkstoffe die Produktion von Kokain und Heroin begann. Dieses Buch ist keine Enzyklopädie, obwohl es mit seinem umfangreichen Register und seinen Literaturangaben auch als Nachschlagewerk dienen kann, es ist eher ein Essay, ein Versuch also, Einblicke in die Welt der Rauschgifte mit ihren faszinierenden Seiten sowie ihren lauernden Gefahren zu vermitteln – und das in ebenso spannender wie erhellender Weise. Bei Nebenwirkungen fragen Sie bitte Ihre Fernsehanstalt oder lesen Sie jetzt das Begleitbuch.

Volker Panzer, ZDF
Redaktion Kultur und Gesellschaft

1. SOLA DOSIS FACIT VENENUM

„All Ding sind Gift und nichts ohn' Gift. Allein die Dosis macht, daß ein Ding kein Gift ist."

Paracelsus

Rauschgift- und Tablettensucht, Drogenhandel und Beschaffungskriminalität sind Schlagwörter öffentlicher Auseinandersetzung in allen Wohlstandsstaaten. Die zunehmende Abhängigkeit von psychisch wirksamen Substanzen ist zugleich Symptom und Auslöser für eine der großen Ängste unserer Zeit: Wie krank ist unsere Gesellschaft, wie dramatisch ist die Krise unserer Kultur, wie hilflos sind wir dem Zerfall der sozialen und moralischen Bindungskräfte ausgeliefert? Dahinter lauert die Hochrechnung einer statistisch belegten Entwicklung: Geht alles so weiter, wird in den Industrieländern noch vor dem Jahr 2100 die Zahl der Drogen- und Medikamentensüchtigen die der Nichtsüchtigen übertreffen.

Wir alle sind mit einer Sucht geboren: Wir sind süchtig nach dem Leben. Wir wollen atmen, essen, trinken, Lust empfinden, teilhaben, uns äußern. Erst der Mangel an Leben, der schleichende Entzug von Geborgenheit, Vertrauen, Zuwendung, der Verlust von Selbstgewißheit, Hoffnung, Lebensinhalt und Lebenssinn macht den Drogenrausch so verführerisch: Er scheint für kurze Momente eben jene Glücksgefühle zurückzugeben, die uns so schmerzhaft vorenthalten werden. Drogen werden zum Ersatz für Leben, während wir uns immer weiter der wirklichen Welt entziehen. Im letzten Stadium, wenn aus Wunschträumen längst Alpträume geworden sind, können immer höhere Dosierungen die wachsenden Qualen nur noch lindern: durch kurzfristiges Vergessen, durch Apathie, schließlich durch den Tod.

> *This is the end, beautiful friend*
> *This is the end, my only friend*
> *The end of our elaborate plans*
> *The end of everything that stands*
> *The end – no safety or surprise*
> *– the end.*
> *I'll never look into your eyes again.*

Jim Morrison, der Texter dieses Songs der DOORS, starb am 3. Juli 1971 im Alter von 27 Jahren an den Folgen seines jahrelangen Drogenmißbrauchs.

nikotin
KOFFEIN

Das weite Feld psychoaktiver Substanzen läßt sich grob in drei Bereiche einteilen:

Illustration von Conrad Felixmüller zu dem Roman „Kokain" von Walter Rheiner

Nikotin und Koffein sind leicht euphorisierende pflanzliche Stimulantia, die als Genußmittel unter kein Betäubungsmittelgesetz fallen – obwohl sie durchaus abhängig und dann krank machen können. Ihre gesellschaftliche Akzeptanz – die den Rauchern jetzt langsam entzogen wird – gründet sich auf die Geringfügigkeit ihrer psychischen Wirkung beim Konsumenten, der ausschließlich körperlich und erst im Lauf vieler Jahre geschädigt wird. Doch Nikotin und Koffein setzen das verantwor-

Andere Kulturen, andere Stimulantia: An die Stelle von Kaffee, Tee oder Zigaretten treten Guaranà, Betel, Kawa, Kola, Máte oder Qat. Qat-Kauer in Ostafrika haben weder Probleme mit dem Gesundheits- noch mit dem Finanzminister.

tungsbewußte, „vernünftige" Reagieren auf die Umwelt nicht außer Kraft und stellen daher keine Bedrohung des sozialen Gefüges dar. Außerdem kassiert der Staat mit Verbrauchssteuern auf Kaffee und Tabak Jahr für Jahr zweistellige Milliardensummen – ein weiterer Grund für gesetzgeberische Toleranz.

Eine Zwitterstellung zwischen Genußmittel und Rauschgift behauptet der **Alkohol**. Er entsteht in kohlehydrathaltigen, durch Hefepilze vergorenen Flüssigkeiten und gehört zu den ältesten Rauschmitteln der Menschheit. Säfte aus Früchten, Getreidearten oder anderen Pflanzen, die vergärbaren Zucker enthalten, wurden bereits in rosiger Frühzeit für die Herstellung von Wein- und Biergetränken verwendet. Die Sumerer konnten schon vor 5000 Jahren Bier brauen, von orgiastischen Weinfesten berichten die hebräische und griechische Mythologie, und auch die alten Christen betranken sich mit dem „Blut Gottes".

Heute sind Produktion und Konsum von alkoholischen Getränken in muslimischen Staaten mit dogmatisch fundierten Gesetzen unter Strafe gestellt, während in den westlichen Gesellschaften alle Prohibitionsversuche scheiterten und selbst der gewohnheitsmäßige Mißbrauch trotz seiner demoralisierenden, Gesundheit und Persönlichkeit zerstörenden Wirkung toleriert wird. Denn das „social drinking" ist aus unserem Alltag, unserer Gastlichkeit, unserem gesellschaftlichen Leben nicht mehr wegzudenken.

Bibit hera, bibit herus,	Trinken Hausherr, Weib und Bräute,
bibit miles, bibit clerus,	trinken Kriegs- und Gottesleute,
bibit ille, bibit illa,	trinkt der linke, trinkt der rechte,
bibit servus cum ancilla,	trinkt die Magd im Kreis der Knechte,
bibit velox, bibit piger,	trinkt der Träge, trinkt der Schnelle,
bibit albus, bibit niger,	trinkt der Dunkle, trinkt der Helle,
bibit constans, bibit vagus,	trinkt der Ruhige, der Vernarrte,
bibit rudis, bibit magus.	trinkt der Tor, trinkt der Gelahrte.
Bibit pauper et aegrotus,	Trinkt der Kranke, Abgebrannte,
bibit exul et ignotus,	trinkt der namenlos Verbannte,
bibit puer, bibit canus,	trinkt das Alter, trinkt die Jugend,
bibit praesul et decanus,	trinken Vortänzer der Tugend,
bibit soror, bibit frater,	trinkt die Base, trinkt die Sippe,
bibit anus, bibit mater,	trinken Jungfer und Gerippe,
bibit iste, bibit ille,	trinken diese, trinken jene,
bibunt centum, bibunt mille.	trinken zehn mal zehn mal zehne.

(aus den mittelalterlichen Carmina Burana)

*Mittelalterlicher
Destillierofen*

Zur Zeit der Vagantenlieder war Wein das Volksgetränk: Gegen Ende des 14. Jahrhunderts wurde in deutschen Landen auf 300 000 Hektar Wein angebaut – dem Vierfachen der heutigen Rebfläche. Wein kann höchstens 15 Vol.-% Alkohol enthalten, dann sterben die Hefepilze an Alkoholvergiftung. Doch schon um die Jahrtausendwende hatten Alchimisten in Italien entdeckt, daß sich mit dem Destillationsverfahren der Alkoholanteil konzentrieren ließ. Kaum waren im 13. Jahrhundert die ersten Brennereien entstanden, wurde auf „Branntwein" eine Tranksteuer erhoben.

Die Behauptung, Raucher und Alkoholiker würden einen immensen volkswirtschaftlichen Schaden verursachen, ist nicht nur angesichts der jährlichen Steuereinnahmen kaum haltbar. Denn die Begründung mit Ausfallzeiten in der Arbeitsleistung und Behandlungskosten von Erkrankungen durch Nikotin- und Alkoholmißbrauch unterschlägt die Gegenrechnung. Nüchtern betrachtet entlasten die Opfer ihrer Sucht durch vorzeitigen Tod die Sozialversicherungsträger um so erhebliche Summen, daß zumindest unser wackeliges Rentensystem endgültig zusammenbrechen müßte, wenn sie alle nur noch Milch tränken und am Daumen lutschten.

Dennoch – die Zahl der Alkoholkranken in Europa ist höher als die Gesamtzahl aller anderen Drogenabhängigen. Und das soziale Elend, das vor allem durch den Mißbrauch hochprozentiger, sogenannter harter Getränke entsteht, ist unübersehbar. Alkoholiker (die oft mit schweren psychischen Problemen oder genetischen Stoffwechselstörungen vorbelastet sind) bringen großes Leid und wirtschaftliche Not über ihre Angehörigen, ihre Ehepartner, ihre Kinder.

Andererseits besitzt auch keine andere Droge ein vergleichbar hohes ‚Guthaben' mit den zahllosen Stunden alkoholbedingten Frohsinns im Leben der nichtgefährdeten Mehrheit. Wer seine Trinkgewohnheiten mit der (zumeist überschätzten!) Entgiftungskapazität seiner Leber koordinieren kann, wird keine Folgen spüren. Alkohol in seiner edelsten Form – zwei oder drei Gläser Wein der oberen Qualitätsklassen – ist noch immer das kultivierteste aller Genußmittel. „Der Wein erfreut des Menschen Herz, und Freudigkeit ist die Mutter aller Tugenden", behauptete Goethe, der sich selbst in diesem Sinn erfreute.

Doch auch das Bier soll – mit einem münsterländischen Trinkspruch – gelobt werden: „Daß man das Bier nicht kauen braucht / das ist doch mehr als prächtig! / Ich falt die Hände überm Bauch / und preise Gott andächtig!" Leider hat die Volksweisheit kürzlich an Wahrheitsgehalt eingebüßt. Beim Patentamt in München wurde der alkoholhaltige Brotaufstrich angemeldet: Die Biermarmelade aus Bad Dürkheim wird in den Sorten „Pils", „Weizen" und „Alt" angeboten.

Einen liebevoll-bedächtigen Umgang mit Alkohol kann man bei den Burjaten am fernen Baikalsee lernen. Wie andere sowjetisch unterdrückte Völker Sibiriens wenden sie sich jetzt ihren schamanistischen Traditionen wieder zu, in denen „Archi", der selbstgebraute Milchwodka, eine Hauptrolle spielt. Denn Archi, den auch Stalins Drohungen nicht einschüchtern konnten, ist einer der zwölf wilden Geister im Universum der Burjaten, und er gilt als der mächtigste von allen.

Grundlage des Milchwodkas ist vergorene Rahmmilch, die „Hurunga" genannt wird. In ihr lebt der Hefepilz „Ächä", was soviel wie „Anfang" oder „Mutter" bedeutet. Er wird auch im eisigen Winter am Leben gehalten und von einer Generation an die nächste übergeben. Von der Herstellung und Bedeutung des kristallklaren Getränks berichtet der siebzigjährige Schandur Malajewitsch Badnajew, ein Mitglied vom „Stamm des Wolfes", der auch den großen Dschingis Khan zu seinen Ahnen zählt:

Schandur Malajewitsch Badnajew

„Seit alten Zeiten haben wir Menschen der mongolischen Stämme den Brauch, mit Milchwodka zu feiern. Der Milchwodka heißt Archi und bereitet uns immer große Freude. Archi ist der Geist der Hurunga; er steigt aus dem Kessel mit der vergorenen Milch empor, schwebt durch das bodenlose Holzfaß, das ich auf den Kessel gestellt habe, und sammelt sich unter dem kühlen Bauch einer Schüssel, die das Faß oben abschließt und in die ich kaltes Wasser nachfülle. Von dort wird er nach außen in eine Flasche geleitet. Mit Archi begrüßen wir unsere Nachbarn, Gäste und Freunde, um ihnen Ehre zu erweisen. Ich hörte, daß Archi schon zu den Zeiten von Dschingis Khan getrunken wurde.

Bevor wir jemandem Archi überreichen, beschreiben wir Burjaten mit der Trinkschale dreimal den Kreis der Sonne um die Erde und sagen dabei ,a choréj' – ,viel Glück!'. In drei Richtungen gießen wir Archi aus: erst für die Götter, die Burchanen, dann für den Herrn des Hauses und dann für Heissachan, die Mutter des Stammes. Wenn wir zu unseren

*Burjatische
Schamanin beim
Archi-Ritual*

Göttern beten und unsere Ahnen rufen, bieten wir ihnen als erstes an, Archi zu kosten. Archi benutzt man, wenn verschiedene Geister, unsichtbare Wesen oder Krankheiten die Menschen oder das Vieh bedrohen. Archi ist ein rituelles Getränk, ‚Dääschä' – das Beste vom Besten."

Mit der dritten Gruppe – den „Rausch-Giften" im engeren Sinn – kommen wir zum Brennpunkt unseres Themas. Man kann sie – wiederum sehr pauschal – als „psychotrope Drogen" zusammenfassen: Es sind Substanzen, die das Körpergefühl, die Wahrnehmung und das Bewußtsein manipulieren, indem sie narkotisieren, erregen oder Halluzinationen hervorrufen. Sie werden als Extrakte aus besonderen Pflanzen gewonnen, aus Hanf, Schlafmohn oder Coca-Strauch, aus Kakteen, Waldlianen und Trichterwinden, aus Baumrinde und -wurzeln, aus Nachtschattengewächsen oder Pilzen und – als sogenannte Designer-Drogen wie LSD und Ecstasy – auch synthetisch hergestellt. Ihre gesellschaftliche Akzeptanz ist wie beim Alkohol abhängig vom kulturgeschichtlichen Hintergrund; so haben Cannabis-Produkte wie Haschisch oder Kif in einigen orientalischen Ländern die soziale Funktion unseres Alkohols übernommen. In den westlichen Staaten werden Handel und Konsum psychotroper Rauschgifte nach den Paragraphen von Betäubungsmittelgesetzen wegen ihrer suchtbildenden, seelisch und körperlich zerstörenden Wirkung strafrechtlich verfolgt.

Gottfried Benn formulierte in seinem 1943 entstandenen Essay „Provoziertes Leben": „Ein Staat, eine Gesellschaftsordnung, eine öffentliche Moral, für die Leben allein wirtschaftlich verwertbares Leben ist und die die Welt des Rausches, des provozierten Lebens, nicht gelten läßt, kann seinen Zerstörungen nicht begegnen." Und weiter: „Das Argument der Schädigung steht einem Staat nicht zu, solange er Kriege führt", oder, wie Ernst Jünger hinzufügt, „solange er aus dem Handel mit Zivilisationsgiften einen Hauptteil seiner Einnahmen zieht."

Das Problem der Drogensucht wird uns auf jedem Weg in die Zukunft begleiten; wir müssen lernen, damit umzugehen. Denn „der Rausch gehört wie Essen, Trinken und Sex zu den fundamentalen Bedürfnissen des Menschen" (Richter Wolfgang Neskovic, Vorlagebeschluß an das Bundesverfassungsgericht vom 17.12.1991).

1954 schrieb Aldous Huxley in seinem berühmten Meskalin-Essay „Die Pforten der Wahrnehmung": „Daß die Menschheit als Ganzes je imstande sein wird, ohne künstliche Paradiese auszukommen, ist sehr unwahrscheinlich. Die meisten Menschen führen ein schlimmstenfalls so beschwerliches, bestenfalls so eintöniges, armseliges und beschränktes Leben, daß der Drang, ihm zu entfliehen, die Sehnsucht – wenn auch nur für ein paar Augenblicke – aus und über sich selbst hinauszugelangen, eine der vornehmlichen Begierden der Seele ist und immer gewesen ist. Kunst und Religion, Karnevale und Saturnalien, tanzen und Rednern zuhören – das alles hat, um H. G. Wells Ausdruck zu gebrauchen, als ‚Türen in der Mauer' gedient. Und für den privaten, für den alltäglichen Gebrauch hat es immer chemische Rauschmittel gegeben. All die pflanzlichen Sedativa, Narkotika, all die Euphorika, die auf Bäumen wachsen, die Halluzinogene, die in Beeren reifen oder aus Wurzeln gepreßt werden können – sie alle ohne Ausnahme sind seit undenklichen Zeiten den Menschen bekannt und systematisch von ihnen verwendet worden. Und diesen natürlichen Methoden, das Bewußtsein zu verändern, hat die moderne Wissenschaft ihre Quote von synthetischen Mitteln hinzugefügt."

Aldous Huxley während seines ersten Meskalin-Versuches 1953

Die Verführbarkeit zum Rausch ist offenbar keinem zerebral gesteuerten Wesen grundsätzlich fremd. Selbst die klugen Elefanten haben eine Vorliebe für vergorene Früchte der Borassus-Palme, wobei trompetende Jungbullen ihr Limit gewöhnlich überschätzen („eine geht noch") und volltrunken randalieren, bis sie umfallen. Von der syrischen Springmaus wollen wir lieber gar nicht reden – sie ist eine echte Alkoholikerin. Affen – zumal die sogenannten Menschenaffen – kennen neben hochprozentigem Junk food auch eine ganze Reihe von Pflanzendrogen, die sie teilweise gezielt gegen Erkrankungen einnehmen.

Bedingung für Verführung zum Rausch ist die Verfügbarkeit der Rauschmittel. Solange die Natur die Liefertermine allein bestimmte, blieb der Konsum der meisten Drogen auf die kurze Saison der Reife beschränkt – Sucht konnte auch unter Menschen nicht entstehen. Erst mit der Entwicklung zur Vorratswirtschaft und schließlich zur überproduzierenden Marktwirtschaft wurde auch Rauschgift zur Ware – und der Bedarf durch Anbieter manipulierbar.

Die alten Hochkulturen kannten trotz ihrem extensiven Tauschhandel noch keine Suchtprobleme. In der von Göttern und Geistern beschützten Welt unserer Vorfahren konnten die berauschenden Extrakte aus Zauberpflanzen kaum Unheil anrichten. Sie standen im Ursprung von Kult und Magie und am Anfang der Medizin: Ihre Einnahme blieb auf besondere Anlässe beschränkt und war der Aufsicht des Schamanen oder Opferpriesters unterstellt. Der Rausch wurde durch das Ritual ‚spiritualisiert' und vom individuellen in ein kollektives Erleben gewendet, eingebettet in das kultureigene, mythische Wissen um eine pandämonische Weltschöpfung, in der Menschen, Tiere, Pflanzen und Götter als Elemente eines unteilbaren Ganzen erfahren wurden.

Die frühen Vegetations- und Fruchtbarkeitskulte suchten als Höhepunkt die Entfesselung seelischer Kräfte in somnambuler Entspannung. Dieser Schwebezustand konnte als Erschöpfungstrance mit monotonen Rhythmen herbeigetrommelt, -getanzt oder -gesungen werden. Doch der vegetative Kosmos, der Götter, Geister und Ahnen beherbergte, brachte auch die geheimnisvollen Pflanzen hervor, mit deren Hilfe sich die Seele schneller und weiter aus dem Körper entfernen und auf direktem Weg zu den Unsichtbaren reisen konnte, um dort Schutz und Wohlwollen zu erflehen. Die magischen Kräfte solcher Pflanzen vermochten bei richtiger Anwendung überdies zu heilen oder Feinden Schaden zuzufügen und dem Kundigen in Zeit und Raum verborgene Wahrheit zu enthüllen.

Wissen ist Macht. Der Kenner der Zauberpflanzen ist in vielen indigenen Kulturen noch immer ein spiritueller Führer der Gemeinschaft, der Mittler zwischen der Welt der Menschen und dem Reich der Götter, Geister und Ahnen; als Überlieferer der Mythen und Rituale kann er mit Ernte- und Wetterzauber, mit Jagd- und Kriegsmagie, mit Wahrsagen und Heilen in den Lebenszyklus seines Volkes helfend oder bewahrend, ratgebend und ordnend eingreifen.

Zubereitung der Ritual-Droge „Motoriki"

Rauschgift, das bei Initiationsritualen und vor riskanten Jagd- oder Kriegszügen eingesetzt wird, soll den Mut der jungen Männer prüfen oder das Selbstvertrauen der Jäger und Krieger für die kommenden Gefahren stärken. Die kämpferischen Masai in Ostafrika nennen ihre ultraharte Ritual-Droge „Motoriki" oder einfach „Ol Motori", die Suppe. Sie wird aus der Rinde des Yohimbebaums und den Wurzeln der Acokanthera - die auch ein Pfeilgift liefern – zusammengekocht.

Zu den archaischen Drogenritualen gehört fast immer ein Tieropfer. Bei den Masai wird zu solchen Anlässen ein Bulle getötet; sie fangen sein

Blut in der geöffneten Wamme auf und mischen es in den fertigen Sud aus Rinde und Wurzelstücken. Der Motoriki-Trank führt zu einem epilepsieähnlichen Starrkrampf, in dem die Morani – die jungen Masai-Krieger – von furchtbaren Schreckensbildern heimgesucht werden, in denen sie Kämpfe mit Dämonen und wilden Tieren austragen. Die Horrorvisionen sind so stark, daß die Berauschten bewacht und festgehalten werden müssen, damit sie nicht sich selbst oder andere verletzen. Dennoch kommt es immer wieder zu Todesfällen durch Amokläufer oder zum Atemstillstand der Vergifteten. Wer diesen Rausch übersteht, hat vor nichts mehr Angst.

2. HEXEN IM NACHTSCHATTEN

Heiler, Seher und Opferpriester müssen nicht Männer sein. Weise Frauen, Wahrsagerinnen und Kräuterhexen gab es zu allen Zeiten und gibt es noch immer, in vielen Kulturen überall auf der Welt. Sie selbst sind Kulturträger – Künder und Bewahrer einer Gegenkultur der besitzlosen, meist ländlichen, oft unterdrückten Unterschichten. Ihre Spiritualität und suggestive Kraft wurzeln in uralten Traditionen, die früher oder später von den machthabenden Kirchen als Bedrohung empfunden und als heidnischer Aberglaube bekämpft wurden. Die Ohnmächtigsten unter den Besitzlosen waren immer die Frauen, denen der Zugang zu Lehre, Bildung und Wissenschaft, zu Amt, Macht und Würde in der männerbündischen Organisation der sogenannten Hochkulturen am längsten versperrt blieb. Frauen waren daher die treuesten Anhänger der alten magischen Überlieferung – und sind es in Teilen der Welt noch immer.

Auch die islamische Gesellschaft kennt die Trennung in einen offiziellen und einen volkstümlichen Islam, dessen Anhänger vor allem Frauen und neben ihnen männliche Randgruppen sind – Nachfahren von Sklaven, sexuelle Minderheiten, Bettler, fahrendes Volk. In der Bruderschaft der Gnawa – Nachkommen marokkanischer Sklaven aus dem West-Sudan – wenden sich hilfesuchende Frauen an eine Suwafa. Als weise Frau und Wahrsagerin gibt sie ihren Klientinnen Ratschläge in Liebesangelegenheiten, bei Eheproblemen, Unfruchtbarkeit, bösen Träumen oder Sorgen mit den Kindern. Sie heilt seelische Verstörungen, hilft mit Liebeszauber und liest die Zukunft aus dem Kauri-Orakel, einer Schale, die randvoll mit den Gehäusen der Porzellanschnecke, Muscheln und bunten Perlenschnüren gefüllt ist. In ihrem Räuchergefäß brennen neben verschiedenen Baumharzen auch Blätter und Samen des Harmalkrauts, einer Steppenraute mit den halluzinogenen Substanzen Harmin und Harmalin. Als Medium der Geister kann sie ihre Diagnose nur in Trance stellen; ihren Klientinnen hilft der Zauberduft, die Botschaft besser zu verstehen.

Räucherwerk und Rauschmittel gehörten auch in der abendländi-schen Geschichte zu Orakel, Mysterien und sakraler Magie. Die delphi-sche Pythia weissagte im Qualm von Weihrauch, Bilsenkraut und ande-ren benebelnden Substanzen. In den Ruinen des Totenorakels von Ephyra fanden Archäologen zahlreiche Haschischklumpen; selbst in Eleusis tranken die Mysten ihren Kykeón, in dem wir außer Gersten-graupen auch ein Gemisch verschiedener Rauschmittel vermuten dür-fen, denn der Trank brachte ihnen wundersame Visionen. Die griechi-schen Dionysos-Feste und die römischen Bacchanalien schließlich waren schlicht und ergreifend ekstatische Rauschorgien. Unter den An-hängern des Dionysos gaben Frauen den Ton an; berauscht von Wein und wilden Kräutern, schwärmten die Mänaden mit Fackeln, Thyrsos-stäben und Tympanon-Trommeln durch die Nacht. „Oh diese Menschen von ehedem haben verstanden zu träumen, und hatten nicht erst nöthig, einzuschlafen." (Friedrich Nietzsche)

Eine Suwafa, die für ihre Klientin-nen aus dem Kauri-Orakel liest

Die Bacchanalien waren ekstatische Rauschorgien. (Wandmalerei aus der Villa Doria-Pamphili in Rom)

Die eleusinischen Mysterien feierten die große Erd- und Fruchtbarkeitsgöttin Demeter und ihre Tochter Persephone, eine Hoffnungsträgerin in der Welt der Toten wie später die christliche Maria. Demeters volkstümliches Alter ego war die Hexengöttin Hekate, die sich in der altitalischen Waldgöttin Diana wiederfindet.

In dem Gegensatz zwischen der wilden, drogenkundigen Diana und der domestizierten, gesitteten Persephone spiegelt sich der Dualismus von Dionysos, dem tosenden Gott des Rausches und der Ekstase, und Apoll, dem Gott des Maßes und des Gestaltungswillens. Dionysischer Daseinsrausch in zeitloser Gegenwart und apollinische Rationalität mit der Erfahrung von Wandel und Vergänglichkeit standen sich in einem Kulturkampf gegenüber, der die abendländische Geschichte begleitete, bis er schließlich durch den Sieg der kanonischen Staatsreligion über den heidnischen „Volksglauben" entschieden wurde.

Pflanzenkunde und Volksmedizin waren in Europa immer Domänen der Frauen gewesen; Frauen gerieten daher als erste in den Verdacht, mit Magie und Giftmischerei gefährlichen Liebes- und Schadenszauber auszuüben. Schon im römischen Zwölftafelgesetz aus dem Jahr 450 v. Chr. wurden Hexen, die Feldfrüchte verdarben, mit schweren Strafen bedroht. Doch erst das christlich-patriarchalische Mittelalter polarisierte das Frauenbild in einen positiven und einen negativen Aspekt. Das unerreichbare Ideal der jungfräulichen Mutter Maria schwebte wie ein Fesselballon über der schwachen, zur Sünde verführenden Eva, die mit ihrer undurchschaubaren Sexualität unterworfen und domestiziert werden mußte. Ihr altgewordenes Inbild, die magie- und kräuterkundige

„weise Frau", wurde von der Kirche endgültig auf die Nachtseite der Welt ver-
bannt und zur ketzerischen Unholdin
schlechthin erklärt, die schwarze Kunst
ausübte und damit haftbar war für alles
persönliche und kollektive Unglück. Aus
der römischen Striga, der gallischen
Druidin, der skandinavischen Veleda, der
baltischen Ragana oder Laima wurde die
Hexe, die Zaunreiterin zwischen Wildnis
und Zivilisation, die Unzucht mit Inku-
bus und Teufel trieb, anstatt wie Maria
den Heiligen Geist zu empfangen. Im
Halbdunkel der Volksmythen, im Mondlicht des Märchens lebt die letzte Parti-
sanin der Subkultur weiter: als Wald-
hexe „Baba Jaga", als ‚wilde Person' im
Gefolge von Frau Perchta, Frau Venus

„Hexensabbat",
Holzschnitt von
Hans Baldung
Grien (Anfang
16. Jahrhundert)

oder Frau Holle, zwischen unterirdischen Erdleutlein und Erdgeistern,
Elfen und Wurzelmännern, als kluge, aber gefährliche Zauberin – oder
einfach als Kinderschreck. Doch Hänsel und Gretel kennen die Lösung
ihres Problems: Das alte Weib muß brennen, die Dame ist fürs Feuer.

Der Beginn des Hexenwahns, der im späten Mittelalter von Südfrank-
reich aus in einer Art zyklischer Massenpsychose das gesamte christliche Europa erfaßte, fiel zusammen mit der Vertreibung der Frauen aus
der Heilkunst. Die Systematisierung medizinischer Kenntnisse, die schon
in der Antike begonnen hatte, und die Gründung der ersten Univer-
sitäten verdrängte die Laienärzte langsam aus der medizinischen Praxis.
Botanik und Heilkunde, die alten, empirischen Frauenkünste, wurden
außerhalb der Klostermauern mehr und mehr durch männliche Salben-
krämer, Bader, Feldscher und Doctores professionalisiert, und auch die
Alchimisten erklärten Spatel, Schmelztiegel und Retorte zur Chefsache.

Allein der große Paracelsus, der Begründer der pharmazeutischen Chemie, bekannte, er habe alles von den Hexen gelernt.

Für Frauen blieb mit Geburtshilfe und Gynäkologie nur der Beruf der Hebamme, deren Wissen um Kräuter und Pulver zu Empfängnisverhütung und Abtreibung sie wiederum verdächtig machte. Es waren daher – neben Juden und Zigeunern, die schon immer für jede Verleumdung herhalten mußten – vor allem Frauen, die den absurden Ketzer- und Hexenprozessen zwischen dem 15. und 17. Jahrhundert zu vielen Tausenden zum Opfer fielen – ohne auch nur zu begreifen, warum die Inquisition ihnen schwarze Magie, Giftmischerei und Drogenmißbrauch unterstellte und sie auf dem Scheiterhaufen verbrannte – als „auto-dafé", als „Akt des Glaubens".

Um die Mitte des 14. Jahrhunderts, als die Hexenhysterie begann, hatte eine große Pestepidemie ganze Regionen Europas entvölkert und eine breite Spur des Elends hinterlassen. Fahrendes Volk, um Haus und Broterwerb gebracht, zog durch verarmtes Land, in dem die Notfeuer brannten, und versuchte mit allem, was eßbar schien, den Hunger zu stillen. Was Früchte trieb, was Wurzeln oder grüne Blätter hatte, wurde mit Abfall und Bettel zusammengekocht und als Nahrung verwendet. Hunger ist seit jeher der stärkste Antrieb zur Erkundung unbekannter Pflanzen gewesen. Von der Not gedrungen, in Versuch und Irrtum, der oft fatale Folgen hatte, ist auch die heilende oder berauschende Wirkung vieler Gewächse entdeckt worden.

Zugleich schürte die ungreifbare Bedrohung durch den Schwarzen Tod Endzeitängste und wüsten Aberglauben. Wenn die fremden Hungerleider unter unverständlichem Gemurmel „ihr Süppchen kochten", wurden sie von mißtrauischen Augen beobachtet, die mit feindseliger Phantasie in der Elendsgemeinschaft einen Hexensabbat sehen wollten.

Clemens Brentano hat in dem historisch-romantischen Drama *Die Gründung Prags* solch zwielichtigen ‚Kesselzauber' wiederbelebt:

Kessel, brau

Der schönen Frau

Knabenkraut und Schierling,

Ackerwurz zum Brautring,

Teufelsaug zum Kranze,

Tollkraut zum Tanze ...

Eppich, Eppich, Eppich!

Alrun, breit' den Teppich,

Nachtschatten und

Fünffingerkraut,

Macht gatten die Maienbraut.

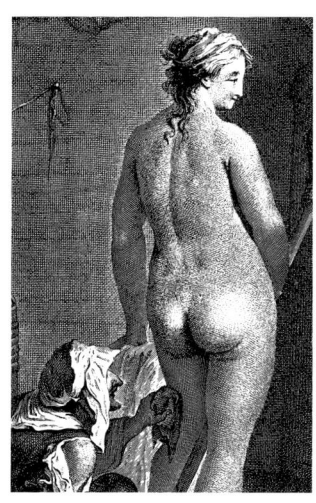

Eine Hexe salbt eine junge Frau ein. Zu Lebzeiten Martin Luthers oder Isaac Newtons lauteten die Vorwürfe: „Sie habe sich mit einer Salbe geschmiert, sei nächtens aus dem Kamin gefahren und auf Besen oder Ofengabel durch das Mondlicht geritten; habe sich mit ihresgleichen zu schwarzem Sabbat versammelt, um der christlichen Sakramente zu spotten; habe mit bocksgestaltigen Teufeln Buhlschaft getrieben und in großen Kesseln Kräuter, Krötenkopf und Kinderfett zu grausigem Gebräu gesotten ..."

Zu den Nachtschattengewächsen gehört der Tabak, aber auch so freundliches Gemüse wie Kartoffeln und Tomaten. Louis Lewin, der Begründer der modernen Drogenwissenschaft, schreibt in seinem grundlegenden Werk *Phantastica* (1924): „Nicht wenig von dem Unfaßbaren, das von menschenverheerenden, hirnverbrannten Fanatikern nicht nur direkt an Hexen und Zauberern, sondern auch an der ganzen Menschheit verbrochen worden ist, der stupide Aberglaube, der verkörpert in Kutten, Gerichtstalaren und närrischen Arztgewandungen teuflisch gegen den Teufel zu Gericht saß und die Opfer in Flammen aufgehen und in Blut ertrinken ließ – knüpft sich an diese Stoffgruppe. ‚Hexensalben‘ und ‚Hexentränke‘ brachten Wirkungen hervor, die sogar nicht selten die Opfer selbst glauben und sagen ließen, daß sie mit bösen Geistern Umgang gepflogen, auf den Blocksberg geritten, auf dem Hexentanzplatz mit ihrem Buhlen gewesen seien oder andere durch Behexung in Schaden gebracht hätten. Ja, die Unordnung, die solche Stoffe wie zum Beispiel der Stechapfel im Gehirn erregten, veranlaßten vereinzelt solche Individuen zur Selbstbezichtigung vor Gericht. So stark hatten sich bei ihnen die erzeugten eigenartigen Wahnvorstellungen aus dem bewußtlosen in den bewußten Zustand hinübergepflanzt, daß sie von geistig Unkultivierten, in dem durch die Kirche gepflegten, blöden Aberglauben Großgewordenen für Wirklichkeit gehalten wurden."

Bilsenkraut

Tollkirsche

Vier Pflanzen aus der *Solanum*-Familie waren die „Königinnen der Nacht":

Das **Bilsenkraut** (*Hyoscyamus* = Schweinekraut) wurde im deutschen Volksmund auch Schlafkraut oder Teufelshoden genannt. Es galt schon im Altertum, in Ägypten, Griechenland und Indien, als Schlaf- und Schmerzmittel, das zugleich als geistverwirrendes Rauschgift benutzt und gefürchtet wurde. Als besonders unheimliches und für die Hexenprozesse folgenschweres Symptom der Bilsenkrautvergiftung konnten Amnesien auftreten: Die Opfer hatten keinerlei Erinnerung an die Umstände der Einnahme und füllten die Lücken mit sogenannten Konfabulationen, die ihnen bei den Vernehmungen von Anklägern und „Zeugen" suggeriert wurden. Auch verdankt das Pilsener Bier seinen Namen dem Bilsenkraut, das jahrhundertelang nicht nur in Pilsen der Maische als berauschende Substanz zugesetzt wurde (mit Ausnahme des seit 1516 durch ein Reinheitsgebot geschützten bayerischen Biers).

Die **Tollkirsche** wurde auch Schwindelbeere, Teufelsbeere oder Wolfsbeere genannt. Ihr Gattungsname *Atropa belladonna* verbindet die griechische Schicksalsgöttin Atropos – die Unabwendbare – mit der „schönen Frau": Atropin vergrößert die Pupillen und schenkt auch alten Hexen den verführerischen Blick. Ein nicht ungefährliches Schönheitsmittel: zuviel davon, und die Augen schließen sich für immer.

Mandragora mit dem geheimnisvollen deutschen Namen Alraun oder Galgenmännchen taucht in vielen Flugsalben-Rezepten auf. Ihre bizarr geformte

Wurzel erinnert von fern an eine menschliche Gestalt und galt als so giftig, daß niemand sie mit
bloßen Händen auszugraben wagte. Deshalb wurde
unter dem Murmeln von Beschwörungsformeln ein
Hund an die Pflanze gebunden, der sie aus der Erde
zog. Mandragora wurde (wie fast allen Rauschgiften) auch eine aphrodisierende Wirkung zugeschrie-
ben; sexuelle Erregungsmuster sind jedoch so indivi-
duell verschieden wie die Muster auf der dazugehörenden Bettwäsche. Belassen wir es also bei dem
Ratschlag einer erfahrenen Äbtissin: Hildegard von
Bingen empfahl Mandragora zur Linderung von
Herzeleid.

Keine „magische" Pflanze hat weltweit die gleiche
Verbreitung wie der **Stechapfel** (Dornapfel, Metel-
Nuß, botanisch *Datura stramonium*). Während ihn
Mitteleuropa erst im 16. Jahrhundert und damit
wohl zu spät für den Hexenkult kennenlernte, wurde
er in China, Indien, Afrika und im indianischen
Amerika schon vor Tausenden von Jahren als rituelles Rauschmittel, als Arznei gegen wechselnde
Leiden, zur Schmerzlinderung bei der Niederkunft
und – wie anders – als Aphrodisiakum verabreicht.
Stechapfelsubstanzen sind heute in pharmazeutischen Produkten gegen Asthma und Seekrankheit
enthalten. In Teilen Afrikas dienen Aufgüsse der
mohnartigen Samen dem banalen Besäufnis – als
höchst gefährliche, weil schwer dosierbare Ersatz-
droge für Alkohol, die kostenlos zu haben ist.

Die Hauptwirkstoffe dieser vier Nachtschattenge-
wächse, die Tropanalkaloide Hyoscyamin (betäubend), Atropin (erregend) und Scopolamin (halluzi-

Mandragora

Stechapfel

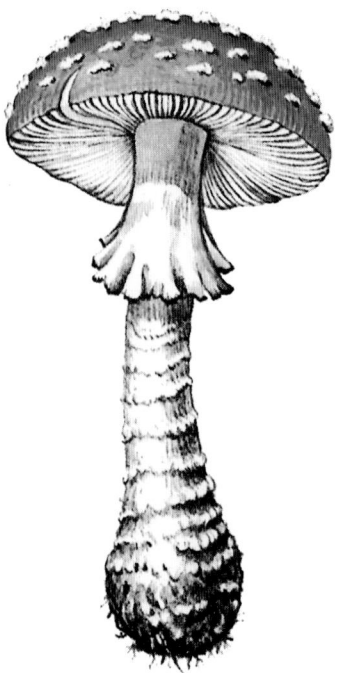

Fliegenpilz

„Spitzkegeliger Kahlkopf"

nogen), waren auch die wichtigsten Substanzen in den berühmten **Hexensalben**. Überlieferte Rezepte nennen außerdem Schierling, Taumellolch, Spanische Fliege und **Eisenhut** (*Aconitum*), der ein befiedertes Kribbeln auf der Haut erzeugte und damit den Flugkünsten der Eingesalbten auf die Sprünge half.

Psychoaktive Nervengifte finden sich auch in verschiedenen **Pilzen**, den „Narrenschwämmen"; sie werden daher ebenfalls mit Hexen in Verbindung gebracht, allen voran ein märchenhaftes Rotkäppchen – der **Fliegenpilz** (*Amanita muscaria*), mit dem man früher ganz banale Fliegenplagen bekämpft hat. Er enthält Ibotensäure, die sich durch Trocknen des Pilzes in das psychoaktive Muscimol wandelt. Seine Verwendung als halluzinogene Rauschdroge in rituellem Kontext wurde jedoch nur in Sibirien nachgewiesen: bei Schamanenvölkern des äußersten Nordostens, den Korjaken, Tschuktschen und Kamtschadalen, und bei finnisch-ugrischen Stämmen zwischen Ob und Jenissej. Ob der Fliegenpilz auch mit Soma, der Sakraldroge des alten Indien, identisch ist, bleibt weiterhin umstritten.

Ein wesentlich wirksameres Rauschgift ist in unscheinbaren Hutpilzen der Gattung **Psilocybe** enthalten, die in Mitteleuropa regional verbreitet sind und neuerdings von Drogenfreaks mit der Lupe gesucht werden. In den Niederlanden und zunehmend auch in Deutschland ist der daumengroße „Spitzkegelige Kahlkopf" trotz seines präsenilen Namens ein Renner auf dem Drogenmarkt für Disco-Kids. Er wird in unterirdischen Zuchtanlagen in Nährlösungen auf Styropor produziert und über Großhändler als „Magic Mushroom" vertrieben. Seinen ungleich kultivierteren mexikanischen Verwandten begegnen wir im Kapitel „Das Fleisch der Götter".

Eine ähnliche, ebenfalls halluzinogene Substanz brachte kurzzeitig bestimmte Krötenarten ins Gerede. Falls böse Zauberinnen also jemals **Krötensekret** in Kräutersud oder Salbe gemixt haben, legten sie damit die (etwas schleimige) Spur für australische und kalifornische Krötenlecker unserer Tage, die von den Bufotoxinen aus den Hautdrüsen high werden. Immerhin haben reale Ballistiker noch im 18. Jahrhundert ihre Geschoßkugeln in das Sekret der Kreuzkröte getaucht.

Wirkstoffe moderner Designer-Drogen hatten die Kräuterweiblein ebenfalls auf dem Zettel: In den ätherischen Ölen der **Muskatnuß**, die vereinzelt in Liebeszauber-Rezepten auftaucht, ist das Amphetamin MDA enthalten, aus dem die Modedroge **Ecstasy** gebastelt wird. Techno-Freaks, die das Psychopharmakon als Kickstarter verwenden, ziehen sich damit unheilbare Leber- und Hirnschäden zu.

Es ist eben alles schon einmal dagewesen. Der Schmarotzerpilz *Claviceps purpurea*, deutsch **Mutterkorn**, der nach verregneten Sommern über den Roggen ins Brot geriet, vergiftete im Hochmittelalter die Bevölkerung ganzer Regionen Europas. Die Opfer dieser „Ergotismus"-Epidemien verfielen in epileptische Krämpfe und klagten über qualvolle Durchblutungsstörungen an Händen und Füßen, die schwarz und brandig wurden; manchen konnte in Spitälern des Antonius-Ordens geholfen werden, andere starben an der Vergiftung, die auch „Antoniusfeuer" genannt wurde.

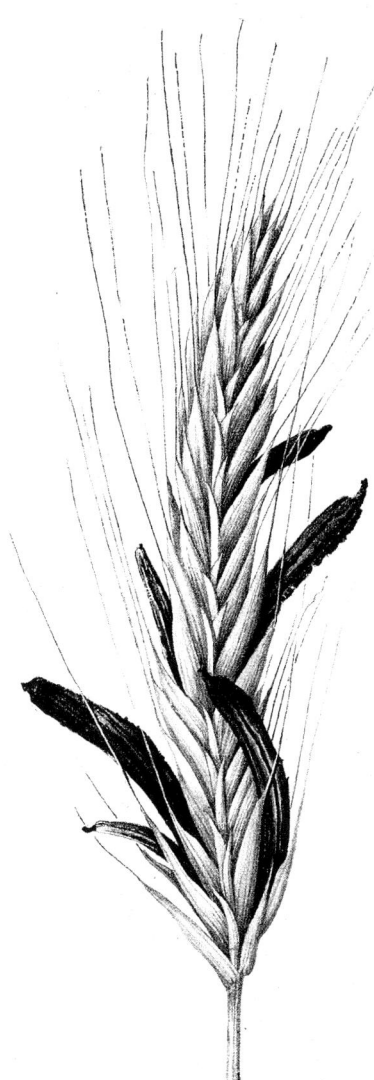

Mutterkorn

Die gefäßverengende Wirkung des Mutterkorns kannten auch die Hebammen, die es als Wehenmittel und zum Stillen von Nachblutungen oder zur Einleitung von ‚Fehlgeburten' einsetzten. Es ist jedoch zweifelhaft, ob das Mutterkorn als Rauschgift in magischen Ritualen jemals Verwendung gefunden hat; wahrscheinlicher ist der umgekehrte Fall: Hexenhysterie als Folge von epidemieartigen Vergiftungen durch den Mutterkorn-Pilz im Getreide.

Erst Anfang unseres Jahrhunderts gelang es, die Alkaloide des Mutterkorns chemisch zu erforschen und als ihren wichtigsten Baustein die Lysergsäure zu isolieren. Seit 1938 experi-

Albert Hofmann entdeckte 1943 die halluzinogene Wirkung des LSD.

mentierte der Schweizer Chemiker und Pharmakologe Albert Hofmann mit diesem Stoff und synthetisierte 1943 die Droge Lysergsäure-Diäthylamid, kurz **LSD**, das stärkste bis jetzt bekannte Halluzinogen.

3. STURZFLUG NACH INNEN

Der lange Weg vom fundierten, aber dunklen Wissen der Hexen und Herbalisten, Medizinmänner und weisen Frauen über die undurchsichtigen Experimente der Alchimisten bis zu den Strukturformeln und Molekülmodellen der modernen Chemie war zugleich der Prozeß einer Profanierung, in dessen Verlauf sich Anlaß und Motive für den Gebrauch von Rauschgiften radikal gewandelt haben. Einsamer Lustgewinn und ziellose Flucht vor der Realität sind Impulse, die den ursprünglichen Sinn der Drogeneinnahme – die gemeinsame, zeremoniell vorbereitete ‚Trance' als Reise in ein magisches Land – ausgelöscht haben. Das Rauscherlebnis ereignet sich jetzt schutzlos und zufällig, denn die Droge ist als selbstverordnetes Psychopharmakon Konsumgut geworden, das je nach Seelenlage zum Aufputschen oder Euphorisieren, zum Erregen oder Vergessen taugt.

Der Leipziger Arzt und Toxikologe Louis Lewin (1848-1929) gilt als Begründer der modernen Drogenwissenschaft.

Louis Lewin nannte schon vor siebzig Jahren als Grundmotiv dieser Zivilisationskrankheit „die leidenschaftliche Sucht, sich in einen weltentfremdeten Zustand zu versetzen". Einen Stoßseufzer des alkohol- und opiumabhängigen Edgar Allan Poe (1809-1849) wird man im Sinne Lewins interpretieren können: „Ja! War auch der lange Traum nur hoffnungsloses Leid / war er doch besser als die kalte Wirklichkeit!"

Das Verlangen nach einem „weltentfremdeten Zustand" ist nicht immer Ausdruck von Flucht und Verdrängung, sondern kann auch einem faustischen Drang nach den „Antipoden der Wirklichkeit" (A. Huxley) entspringen, dem Wunsch nach einem Blick in die Gegenwelt – richtig: nach einem veränderten, anderen Blick in dieselbe Welt.

„Ich hatte meinen Platz der geöffneten Scheibe wegen gewählt, durch die ich auf den dunklen Platz hinunterblicken konnte. Und wenn ich dies nun hin und wieder tat, bemerkte ich, daß er die Neigung hatte, mit jedem, der ihn betrat, sich zu verändern, gleich als bilde er ihm eine Figur, die, wohlverstanden, nichts mit dem zu tun hat, wie er ihn sieht, sondern eher mit dem Blick, welchen die großen Porträtisten des siebzehnten Jahrhunderts je nach dem Charakter der Standesperson, die sie vor eine Säulengalerie oder ein Fenster stellen, aus dieser Galerie, diesem Fenster herausheben. Später notierte ich im Herunterschauen: ,Von Jahrhundert zu Jahrhundert werden die Dinge fremder.'" (Walter Benjamin, „Haschisch in Marseille")

Walter Benjamin, der zwischen 1927 und 1934 mehrere Haschisch-Versuche unternahm und jede Regung, jeden Gedanken protokollierte, schreibt im gleichen Essay an späterer Stelle: „... die Ereignisse kamen eben so zustande, daß die Erscheinung mich mit einem Zauberstab berührte und ich in einen Traum von ihr versank. (...) Das Entfremdungsphänomen, das hierin liegen mag und das [Karl] Kraus mit dem schönen Wort formuliert hat: ,Je näher man ein Wort ansieht, desto ferner blickt es zurück', scheint auch aufs Optische sich zu erstrecken. Jedenfalls finde ich unter meinen Aufzeichnungen die verwunderte Notiz: ,Wie die Dinge den Blicken standhalten.'"

Walter Benjamin (1892-1940)

Der Philosph Ernst Bloch nahm gelegentlich an Benjamins Experimenten teil und hatte ähnliche Empfindungen gegenüber Worten und Dingen: „Es ist, als ob einem phonetisch die Worte eingegeben würden. Es gibt hier Selbstanschluß. Es kommen Dinge zu Wort, ohne um Erlaubnis zu fragen. (...) Es gibt ein lautloses Paßwort, mit dem jetzt gewisse Dinge durchs Tor treten."

Viele Künstler, vor allem Schriftsteller, haben versucht, mit Rauschmitteln die kreativen Kräfte Phantasie, Imagination und Inspiration anzuregen, zu verstärken und zu entgrenzen. Der französische Schriftsteller François Rabelais entdeckte schon im 16. Jahrhundert die wohltuende Wirkung seines Krauts „Pantagruelion", womit er offenbar die Cannabis-Pflanze Hanf meinte, die er ganz im Sinne Plinius des Älteren sogar zur wertvollsten Kulturpflanze der Menschheit erklärte. Lord Byron und Lewis Carroll löffelten lebenslang Laudanum, Guy de Maupassant berauschte sich mit Äther, Richard Wagner schnüffelte Parfum, Friedrich Schiller genügte angeblich ein fauliger Apfel. Georg Trakl starb an einer Überdosis Kokain, Hans Fallada war morphiumsüchtig, Jean Cocteau rauchte lebenslang Opium: „Das Opium schürt einen Halbtraum. Es schläfert die Wahrnehmung ein, entflammt das Gefühl und entbürdet den Geist."

Der Arzt und Dichter Gottfried Benn dagegen blieb Theoretiker. Trotz seiner vollmundigen Behauptung: „Potente Gehirne stärken sich nicht durch Milch, sondern durch Alkaloide" und seiner Empfehlung, das Amphetamin-Präparat Pervitin könnte, „statt es Bomberpiloten und Bunkerpionieren einzupumpen, zielbewußt für Zerebraloszillationen in höheren Schulen angesetzt werden", mied er alle durch Drogen provozierten Rauschzustände und beschränkte sich darauf, als profund gebildeter, von Nietzsche beeinflußter Experte über Rausch und Rauschdrogen zu schreiben und gelegentlich ein Bier zu trinken.

Nur in den Jahren des Ersten Weltkriegs, als Oberarzt an einem Brüsseler „Prostituiertenkrankenhaus", kam er selbst (wie viele andere) mit Kokain in Berührung:

O Nacht! Ich nahm schon Kokain,
und Blutverteilung ist im Gange,
das Haar wird grau, die Jahre fliehn,
ich muß, ich muß im Überschwange
noch einmal vorm Vergängnis blühn.

O Nacht! Ich will ja nicht so viel,
ein kleines Stück Zusammenballung,
ein Abendnebel, eine Wallung
von Raumverdrang, von Ichgefühl.

Tastkörperchen, Rotzellensaum,
ein Hin und Her und mit Gerüchen,
zerfetzt von Worte-Wolkenbrüchen -:
zu tief im Hirn, zu schmal im Traum.

Die Steine flügeln an die Erde,
nach kleinen Schatten schnappt der Fisch,
nur tückisch durch das Ding-Gewerde
taumelt der Schädel-Flederwisch.

O Nacht! Ich mag dich kaum bemühn!
Ein kleines Stück nur, eine Spange
von Ichgefühl – im Überschwange
noch einmal vorm Vergängnis blühn!

*Gottfried Benn
(1886-1956)*

O Nacht, o leih mir Stirn und Haar,
verfließ dich um das Tag-verblühte;
sei, die mich aus der Nervenmythe
zu Kelch und Krone heimgebar.

O still! Ich spüre kleines Rammeln:
Es sternt mich an – es ist kein Spott -:
Gesicht, ich: mich, einsamen Gott,
sich groß um einen Donner sammeln.

Der letzte Vierzeiler klingt, als habe ihn ein Fremder in satirischer Tücke an das Gedicht gehängt. Man ist versucht, einen berühmten Ausspruch Benns zu paraphrasieren: Ein Kokainrausch währet sechs lyrische Strophen und, wenn es hoch kommt, war er eine Konstipation.

Anderen ging es im Rausch vor allem um eine Art Selbstfindung mit Hilfe der psycholytischen Effekte bestimmter Rauschgifte. Der große Kabarettist Wolfgang Neuss („Auf deutschem Boden soll nie wieder ein Joint ausgehen!") quälte sich durch den ganzen Drogenkatalog, bis er – zu spät – Haschisch als seine persönliche Medizin entdeckte: „Such dich, such dich, such dich süchtig, süchtig, süchtig. Weil der Mensch sich sucht, ist er süchtig. Danach kann man doch süchtig sein, sich zu suchen. Das ist doch ungeheuer, wer da drauf ist, hört nicht mehr auf. Weil er sagt: Das ist doch der Sinn des Lebens, sich zu finden. Ich hab es gefunden. Da laß ich nicht mehr locker ..."

Doch die Mehrheit der Konsumenten wird durch eine passive Erwartung zum Drogenrausch verführt: Sie hofft auf ein psychisches Großereignis, auf ein außerordentliches Schauspiel hinter allen Horizonten, auf die Zeitreise, auf den Trip in eine andere Welt. Und eben hier liegt ein fundamentales Mißverständnis. Charles Baudelaire, bis heute die überragende Autorität in jedem Diskurs zur Kultur der Rauschgifte, formulierte den zentralen Satz: „Im Rausch tritt nur zutage, was in Anlage und Substanz eines Menschen schon enthalten ist." Und Ernst Jünger, der seine erfahrungssüchtigen Annäherungen an vielerlei Drogen in mehreren Werken literarisch reflektierte, schließt die LSD-inspirierte Novelle „Besuch auf Godenholm" im gleichen Sinn: „Es ist wie in einer spanischen Herberge: Die Gäste finden hier nicht mehr, als was sie im Gepäck mitbringen."

Denn psychotrope Drogen fügen nichts hinzu, keine neuen Informationen, kein zusätzliches Wissen. Sie täuschen das Entdecken unbekannter Wahrheiten und die Einsicht in tiefe Zusammenhänge nur vor durch einen Eingriff in den Hirnstoffwechsel: Drogen stimulieren die

Ausschüttung körpereigener Hormone oder reizen die Rezeptoren von Neurotransmittern im limbischen System; die Fähigkeit zur kritischen Kontrolle von Wahrnehmungen geht verloren, das klare Bewußtsein wird in hysterische Facetten kaleidoskopiert. Der neurophysiologische Prozeß, der unter dem Einfluß von Rauschgift die „Pforten der Wahrnehmung" in eine fremde (Innen-)Welt aufstößt, projiziert seine Offenbarungen als stoffwechselgesteuerte Sensationen, als toxisch indiziertes Wechselbad diffuser Sinneseindrücke und Gefühlswirbel, deren anfänglicher Zauber zur Sucht und schließlich zur Psychose führen kann, bis Seele und Körper kollabieren.

Jeder Rausch ist Symptom einer Vergiftung, und seine Phantasmagorien sind den Visionen von Sterbenden ähnlicher als den Bildern der Träumenden. Menschen, die dem Tod durch Ersticken sehr nahe gekommen sind, berichten von Halluzinationen in intensiven Farben mit euphorischem Glücksgefühl als letzten Eindrücken vor der Bewußtlosigkeit. Noch einmal Ernst Jünger (in „Heliopolis"): „Ich warne euch. Wer Räusche sucht, der rodet um die Vorhöfe des Todes und um die dunklen Eingänge."

Oder will, wer Räusche sucht, in die umgekehrte Richtung? Will er zurück in ein vorgeburtliches Erleben? Könnten Rausch-Euphorien auch Erinnerungen an intrauterine Glücksgefühle sein, gelöst von ich-zentrierter Bewußtheit, befreit aus dem unaufhörlichen Strom rational-analytischer Denkprozesse, hingegeben den raum- und zeitlosen Konfigurationen, den amorph anflutenden Reizen im fetalen Dämmer? Der Rausch als Regression in die Gebärmutter? Die Welt als Fruchtblase?

Gottfried Benn, der doch ganz andere Hoffnungen auf seine „Alkaloide" setzte, spricht von einer „Wirklichkeit rein aus Gehirnrinde" und erklärt die Synästhesien von toxischen Rauschzuständen mit einem Rücksprung über die Evolutionsgeschichte in frühe Bewußtseinsstufen (wie sie eben auch in Stadien der embryonalen Entwicklung „aus der Tiefe auftauchen"): „Ruhen, nie mehr sich bewegen -: Rückenlage, Regression, Aphasie. Stunden erfüllen sich mit gestillten Begierden, als wesenloses Leben hinzudämmern ... Das Ich zerfällt, die Zerfallstellen sind die frühen Anlagerungsflächen ... long, long ago! Die ‚Muskelseele' steigt auf, ihr Beitrag zur Entstehung des Bewußtseins. Die Rinde verliert den spät erworbenen Besitz von Sinnesqualität spezifischer Art (sehen, hören, schmecken) und antwortet in Formen allgemeiner Resonanz." (aus dem Essay „Provoziertes Leben")

Irgendwie ähnlich klingen auch Berichte aus den exklusiven Gefilden der Berauschung, zu denen privilegierte Esoteriker angeblich drogenfreien Eintritt haben. Das Bewußtsein öffnet sich in einen Zustand anschauenden Empfindens: Formen und Farben, Muster und Bilder fließen zu lichtsprühenden Illuminationen zusammen, die Entdeckung der Welt wiederholt sich in einem vorsprachlichen, prälogischen, zeichenhaften Bereich des Auffassens, in dem alles Symbol für alles ist und jedes Erkannte jedem anderen analog oder kongruent scheint. Der Eindruck absoluten Verstehens wird unabweisbar und steigert sich zu dem Gefühl der „Unio-Mystika", dem spurlosen Verschmelzen mit allem kosmischen Sein in vollkommener Harmonie: Jenseits von Zeit und Raum kreist das Ich als galaktische Konstellation im Universum der Moleküle.

William Blake (1757-1827), ein Altvater der modernen Esoterik, prägte den Begriff „Doors of Perception" – Pforten der Wahrnehmung – und dichtete einen Vierzeiler, als hätte er LSD genommen: „Die Welt zu sehn in einem Körnchen Sand / Und einen Himmel in der wilden Blüte: / Unendlichkeit ist in der Fläche deiner Hand / Und alle Ewigkeit in der Minute."

Beispiele aus der Literatur, in denen die Sensationen von Drogentrips beschrieben werden, zeigen oft nur die Unmöglichkeit, ein undurchschautes Erleben in Worte zu fassen; gemeinsam ist vielen die Neigung zu wabernder Metaphorik mit zeittypischen Wunschvorstellungen und kitschiger Erotik.

Versuche, die visuellen Eindrücke noch während des Rauschzustandes abzubilden, erinnern an das Gestaltungschaos von Kindern oder Schizophrenen. Tatsächlich ist kein bedeutendes Werk der Kunstgeschichte bekannt, das nachweislich unter dem Einfluß psychotroper Drogen entstanden wäre. Auch die um Präzision bemühten Zeichnungen des Malers und Dichters Henri Michaux, in denen er die metamorphen Strukturen seiner Meskalin-Visionen festhalten wollte, sind wenig beeindruckend.

Die Visionen des Grauens, die Rausch und Entzug aus den schlammigen Tiefen des Unbewußten heraufbaggern, wurden dagegen in zahlreichen Werken der großen und kleinen Kunst dargestellt. Erinnerungen an atavistische Ängste und Be-

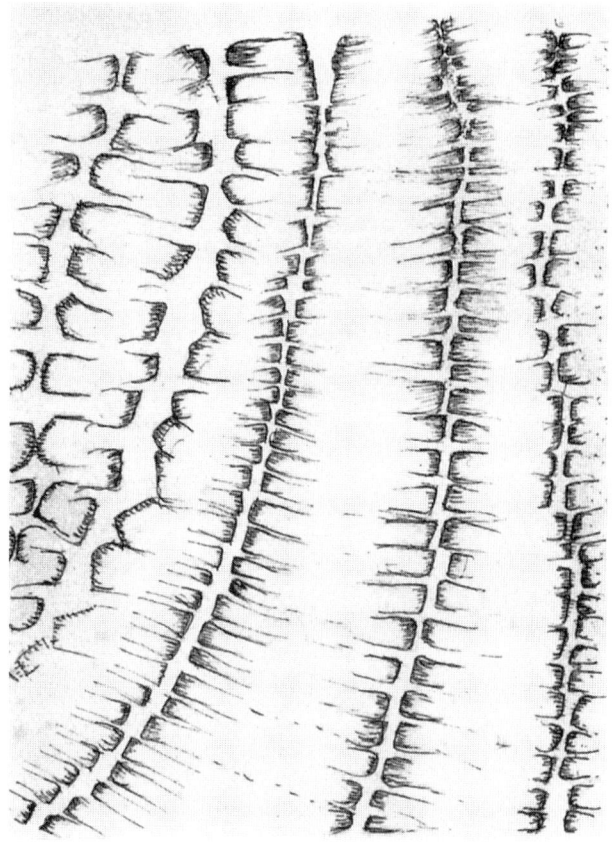

drohungen beherrschen einen dunklen Bezirk unseres unbewußten Bildspeichers und sind daher für den phantasievollen Künstler jederzeit abrufbar. Sie entstammen einer kollektiven vormythischen „Traumzeit", als die Wildnis nach fluchtauslösenden Signalen und Zeichen abgesucht wurde, und tauchen als archetypische Symbole der Gefahr in den panischen Sequenzen des Alptraums, des Fieberwahns, der Rausch-Psychose wieder auf: als gewalttätige Monstren, Chimären und Spukgebilde, als ekel- und schreckenauslösende Chiffren des Todes, des Untergangs, der Apokalypse.

„Meskalin"-Zeichnung von Henri Michaux (1899-1984). Seit Anfang der 60er Jahre experimentierte der Künstler mit verschiedenen halluzinogenen Drogen.

„Endogene Bilder sind die letzte uns gebliebene Erfahrbarkeit des Glücks", schließt Gottfried Benn seinen Essay „Provoziertes Leben" aus dem Jahr 1943. Mag sein. Aber um welchen Preis! Die provozierten Dämonen werden früher oder später jeden heimsuchen, der sich den

Suchtdrogen ausliefert. Denn die rauschbeflügelte Begegnung mit dem mystischen Gegenreich der Götter und Geister gelingt nur über uralte spirituelle Brücken, die wir in unserer rational sanierten Seelenlandschaft längst hinter uns abgebrochen haben; ihre Ruinen können wir – allen Rekonstruktionsversuchen von Okkultisten, Esoterikern und „New-Age"-Propagandisten zum Trotz – nie wieder begehbar machen.

Geblieben ist uns die uralte Sehnsucht nach einer Erfahrung jenseits des Alltagsbewußtseins, nach Epiphanie und Erleuchtung in Ekstase und Rausch. Noch gibt es Spuren. Noch leben einige wenige Kulturgruppen auf der Erde, die sich das Geheimnis von Magie, Trance und Divination bewahrt haben. Wie in einem dunklen Spiegel erkennen wir die Konturen einer untergehenden, archaischen Welt, in der den Rauschpflanzen nur eine einzige Funktion zugestanden wurde: die Tore in ein ‚Jenseits' aufzustoßen, die „Doors of Perception" zu öffnen, um in das mystische Reich von Himmel und Hölle einzutreten.

4. FLÜGEL DER SEELE

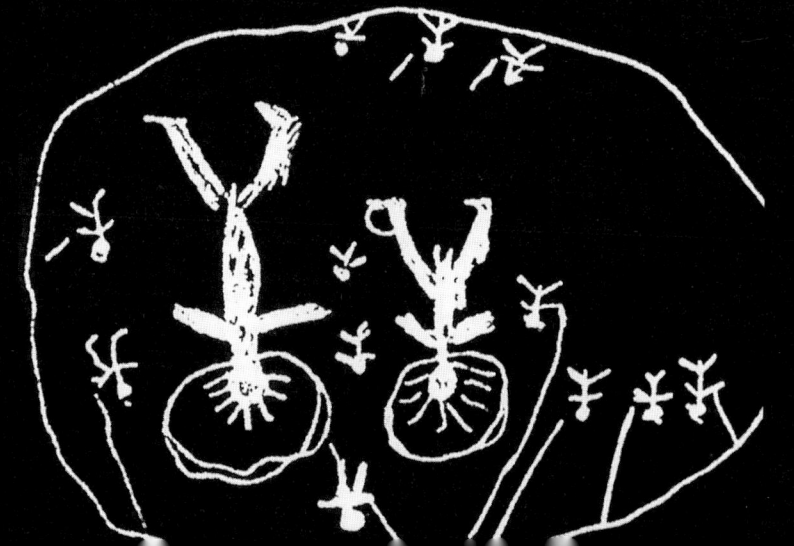

Rauschgifte, vor allem Pflanzen mit halluzinogenen Wirkstoffen, spielen in den spirituellen Traditionen Amerikas eine wesentlich bedeutendere Rolle als in der Geschichte Asiens oder Europas. Vom nördlichen Mexiko bis zu den Anden und hinab in das brasilianische Tiefland dominierten indianische Kulturen, in denen psychotrope Pflanzen eine sakrale Funktion besaßen. Mit einem Überangebot der Vegetation an entsprechenden Wirkstoffen allein ist noch nichts erklärt; in Mexiko, dem Land mit der intensivsten Beziehung zu magisch-religiösen Drogen, ist die Artenvielfalt eher begrenzt.

Ein Begründung für diese Besonderheit könnte man vielleicht im indianischen Schamanismus suchen, der seine Wurzeln in den Mythologien von Wildbeutern und Jagdgemeinschaften hat, während die eurasischen Kulturen frühzeitig von Nomaden und Ackerbauern mit ihrer ganz anderen Lebenserfahrung und Religiosität geprägt wurden. Eine Gesellschaft von Jägern und Sammlern, die nicht an Herde oder Pflanzung gebunden ist, sondern sich den ständig wechselnden Bedingungen einer Umwelt mit verborgenen Nahrungsquellen und getarnten Gefahren anpassen muß, entwickelt nicht nur ein differenzierteres Wissen um die vielfältige Wirkung von Pflanzen auf Körper und Psyche (so wurde das Tabakrauchen von Indianern erfunden, die im Gegensatz zu uns niemals Suchtprobleme damit hatten), sondern auch besondere sensorische Fähigkeiten und eine erhöhte Aufmerksamkeit für ‚verschlüsselte' Signale von außen wie von innen. Diese Sensibilität für Zwischentöne, für mimetische Maskierung und mehrdeutige oder metamorphe Phänomene spiegelt sich in vielen indianischen Mythologien – und in der Bevorzugung halluzinogener Pflanzengifte, die weniger Euphorie oder Ekstase als unbekannte, visuelle und auditive Erlebnisse versprechen:

- Meskalin in Kakteen (Peyote in Mittel- und Nordamerika,
  San Pedro in Südamerika)
- Psilocybin und Psilocin in den Teonanacatl-Pilzen Mexikos und
  Guatemalas

- Lysergsäure-Alkaloide in der Ololiuqui-
  Winde des südlichen Mexikos
- Hyoscyamin und Scopolamin im
  mexikanischen Stechapfel (Toloache)
- Tryptamin-Abkömmlinge im Epena-
  und Yopo-Schnupfpulver am Orinoco
- Harmin und Harmalin in den
  Ayahuasca- und Yajé-Lianenblättern
  (Orinoco und Amazonasbecken)

– womit nur die wichtigsten Wirkstoffe genannt sind. Die in Südamerika am weitesten verbreitete und möglicherweise älteste Pflanzendroge Coca ist ein reines Stimulans und wurde erst in europäischen Laborküchen als chemisch extrahiertes Kokain zum Rauschgift.

Alle diese Pflanzen sind im indianischen Spiritualismus „Flügel der Seele", mit deren

Darstellung einer Ayahuasca-Vision des peruanischen Schamanen Pablo Amaringo (Ausschnitt)

Hilfe Raum und Zeit überwunden werden, um aus dem verhüllten Bezirk der Gegenwelt, dem Reich der Götter, Geister und Ahnen, als Bilder und Zeichen empfangene Botschaften in das Bewußtsein aufzunehmen.

Wir werden uns damit abfinden müssen, solche Rauscherfahrungen nicht nachvollziehen zu können; weder die notarielle Akribie ethnologischer Feldforschung noch der anthropologische Surrealismus eines Carlos Castaneda sind dem Verstehen sonderlich hilfreich. Als Kinder der technologischen Zivilisation sind wir im Vergleich zur indianischen „Kultur des Wahrnehmens" hoffnungslos unsensibel. Dort ist der halluzinogene Rausch ein Medium der Transzendenz und der Divination; unsere Beziehung zu Rauschdrogen ist dagegen hedonistisch, eskapistisch oder pathologisch motiviert (Indianer waren nach ihrem Kulturverlust der betäubenden, die Wahrnehmung versiegelnden Rauschwirkung unseres „Feuerwassers" besonders hilflos ausgesetzt).

Die folgenden drei Kapitel berichten von Begegnungen mit den drei wichtigsten indianischen Rauschpflanzen; es sind Zusammenfassungen der Aufzeichnungen, die während der Dreharbeiten zu unserer ZDF-Reihe entstanden. Wir wollen versuchen, aus der vielgestaltigen Welt des schamanischen Drogenzaubers nur das zu beschreiben, was wir aus großer kultureller Distanz glaubten verstehen zu können.

Illustration des mexikanischen Pilzkultes aus der Chronik des Bernardino de Sahagún. Der spanische Mönch berichtete im 16. Jh. als erster über den indianischen Gebrauch von Rauschpflanzen.

5. DAS GESCHENK DES HIRSCHES

„Peyote, das wußte ich, ist nicht für die Weißen bestimmt. Und ein Weißer ist für diese Roten Männer einer, den die Geister verlassen haben."

Antonin Artaud

Der spanische Mönch Bernardino de Sahagún, Chronist des Untergangs der Azteken, berichtete um 1560 aus „Neu-Spanien" von einer mexikanischen Pflanze, „welche jenen, die davon essen, furchterregende oder groteske Visionen macht; sie gibt ihnen Mut zu kämpfen und läßt sie weder Furcht noch Hunger oder Durst spüren, und sie behaupten, daß sie vor Gefahren schützt".

Die Pflanze, die er beschrieb, war ein kleiner stachelloser Kaktus, den

die Einheimischen *Peyotl* nannten und die Spanier *raiz diabolica* – teuflische Wurzel. Obwohl der Peyote-Kult in Mexiko schon damals eine mehrtausendjährige Tradition hatte, verbot die kirchliche Inquisition jeden Umgang mit der heidnischen Droge und bestrafte ihn nach Konquistadoren-Art mit Feuer, Hängen und Würgen.

Der Ort der Zeremonie, deren Zeuge Sahagún gewesen war, ist ein Steppenplateau im mexikanischen Hochland bei San Luis Potosí, von blauen Bergen am Ho-

Das Steppen-plateau bei San Luis Potosí, für die Huicholes der heilige Bezirk „Wirikuta"

rizont wie ein Tal eingeschlossen. Noch immer wächst hier der Peyote. Wir sind mit einer Cessna nach Matehuala geflogen und dann bis zur Dunkelheit mit einem Pick-up über bucklige Pisten gerumpelt, um Aufnahmen für unsere Rauschgift-Reportage zu machen. Doch am nächsten Morgen steigt die Sonne immer höher, die Hitze nimmt zu, und das Licht wird hart, ohne daß wir den kleinen Kaktus finden können. Dann sehen wir in großer Entfernung eine einzelne Gestalt auf uns zukommen. Sie trägt einen großen Hut und einen weißen, mit buntem Besatz gesäumten Anzug: ein Huichol-Pilger.

Es waren Chichimeken, die Sahagún im 16. Jahrhundert beim Peyote-Zauber beobachtet hatte. Zu ihren letzten Nachkommen werden die kaum 10 000 Huicholes gezählt, die in den Bergen der westlichen Sierra Madre leben. Für sie ist diese karge Landschaft noch immer der heilige Bezirk *Wirikuta*. Von ihren bis zu vierhundert Kilometer entfernten Stammesgebieten pilgern die Huicholes nach Ende der sommerlichen Regenzeit hierher, um ihren Peyote zu suchen. Vierzig Tage dauerte früher die Wanderung, und noch immer gelten die alten Gelübde: vierzig Tage sexuelle Enthaltsamkeit, kein Bad, kein Salz; vierzig Tage kein überflüssiges Wort.

Bild linke Seite unten: Die erste veröffentlichte Abbildung des Peyote-Kaktus, die 1847 in Curtis' Botanical Magazine erschien.

Der erste Peyote-Kaktus wird nicht ausgegraben, sondern den Göttern geweiht.

Gewöhnlich besteht eine Pilgergruppe aus acht oder mehr Teilnehmern, aber Lucas de la Cruz Muños ist allein. Der alte Schamane in seinem Heimatdorf ist zu krank, um die Führung auf dem beschwerlichen Wanderzug zu übernehmen. Lucas ist zu seinem Nachfolger bestimmt, doch ihm fehlt noch eine dritte Reise nach *Wirikuta* als eine der Voraussetzungen für diese Würde. Eine gemeinsame Wallfahrt mit Angehörigen benachbarter Stammesgruppen ist nicht zustande gekommen; deshalb hat er sich entschlossen, den Peyote für das herbstliche Dankfest als einzelner Pilger zu suchen.

Der fest in den Boden geknöpfte, unscheinbare Kaktus versteckt sich zwischen Steppensträuchern, Agaven und anderen Kakteen. Es dauert Stunden, bis Lucas den ersten Peyote-Cluster gefunden hat. Er darf ihn nicht ausgraben, sondern muß ihn den Göttern weihen. Sein Gebet bittet um ihr Wohlwollen und ihren Segen für seine künftige Aufgabe als *Mara'akáme* – als religiöser Führer seiner Dorfgemeinschaft.

Mit dem *tsikuri*, einem rhombischen „Auge-Gottes"-Zeichen, vollzieht Lucas seine symbolische Reinigung – ein Gestus, der an das „Bekreuzigen" erinnert. Der *tsikuri* ist zugleich Amulett und Votivgabe und ersetzt hier auch den Pfeil beim Jagdzauber, mit dem der erste Peyote wie ein Reh „erlegt" wird – Lucas sticht ihn in die Mitte des mehrköpfigen Clusters und läßt ihn dort stecken.

Für die Huicholes hat der Peyote sakramentale Bedeutung. Im Zentrum ihres vielschichtigen Mythengewebes, das sie in Bildern aus leuchtend farbigem Wollgarn darstellen, stehen das Feuer und die mystische Dreiheit Peyote, Mais und Hirsch. Mais ist ihre heutige Lebensgrundlage, Rot- und Rehwild waren es früher, als sie noch als Jäger in den

Prärien Nordmexikos lebten. Den ersten Peyote, so erzählt ihr Mythos, fanden sie in den Hufspuren des großen Hirsches – als ein Geschenk der Götter. Es wurde ein Abschiedsgeschenk, denn die Wildbeute verschwand aus ihrer Welt und zeigt sich nur noch in den Visionen und Träumen, die im Peyote-Rausch wie eine Erinnerung an die alte Zeit wieder auftauchen.

Erst jetzt, nachdem er die Götter um ihr Einverständnis gebeten hat, kann Lucas mit dem Sammeln beginnen. Das Wort *Peyotl* stammt aus der Nahuatl-Sprache und bezeichnet den wolligen Puschel auf dem Kopf der Pflanze, aus dem sich im April die blaßgelbe, weiße oder rosafarbene Blüte entfaltet. Bei der Ernte werden nur die Köpfe genommen, weil die Wurzel kaum Wirkstoffe enthält. Wenn der Schnitt sorgfältig gemacht wird, kann sie wieder austreiben und eine neue Pflanze bilden.

Der langsam wachsende Kaktus mit dem botanischen Namen *Lophophora williamsii* ist während der letzten Jahre immer seltener geworden, seit die *mescal buttons* auch bei nordamerikanischen Indianerstämmen und als Hippie- und Sekten-Droge in Mode kamen. Am Ende eines mühsamen Tages hat Lucas ein halbes Hundert Peyote-Köpfe – *hîkuri* – in seiner Tasche. Jetzt ist die Zeit gekommen, ein Feuer anzuzünden und Tatewarî, den Alten Gott, aus dem Holz hervorzurufen, um in seiner Gegenwart fünf Peyote zu essen. Jeder *hîkuri* wird von Lucas sorgfältig gereinigt und wie ein Apfel um die ungenießbare Mitte herum in Scheiben gekerbt. Sein scharf-bitterer, erdiger Geschmack kann bei vollem Magen Brechreiz auslösen – eine Gefahr, die bei dem fastenden Pilger nicht besteht.

Unter den verschiedenen psychoaktiven Substanzen des Peyote hat vermutlich nur das Hauptalkaloid Meskalin eine halluzinogene Wirkung. Es ist dem Hirnhormon Noradrenalin chemisch verwandt. Dennoch unterscheidet sich ein Peyote-Rausch deutlich von einem reinen Meskalin-Trip, da auch andere Alkaloide der Pflanze stimulierend oder narkotisierend mitwirken. Wie alle Huicholes lehnt Lucas es ab, seine Rauschvisionen und Seelenreisen näher zu beschreiben. Er bestätigt nur bekannte Erfahrungen, die auf LSD-ähnliche Erlebnisse hinweisen: intensives Farbensehen und gesteigertes Hörempfinden, Wechselwirkung von Bildern und Tönen, Gestaltwandel, Phantasmagorien, Stillstand der Zeit auf der Reise in eine Innenwelt, in die wir – als Europäer – auch im Peyote-Rausch nie vordringen können.

Wir trennen uns von Lucas und wollen ihn in seinem Heimatdorf wiedertreffen. Während wir vorausfliegen, will er seinen Rückweg zu Fuß beginnen und sich unterwegs von allem, was sich auf Rädern bewegt, ein Stück mitnehmen lassen. Doch sein Geist wird uns begleiten: Im Peyote-Zauber kann er sich wie ein Vogel in die Luft erheben, neben uns herfliegen und uns beschützen.

Der Flug führt uns nach Südwesten über die Sierra Madre Occidental bis nah an die Küste des Stillen Ozeans und endet in der wild zerklüfteten Sierra de los Huicholes auf einer abenteuerlichen Piste, bei deren Anblick sich der Pilot bekreuzigt: Uns kommt der Verdacht, daß Lucas nicht nur aus religiösen Gründen auf den realen Flug verzichtet hat.

Lucas' Heimatdorf Las Higueras trägt den Namen seiner mächtigsten Bäume. Sie wachsen unten am Fluß, der in der Regenzeit zu einem reißenden Wildwasser anschwillt und in trockenen Sommern in einem Rinnsal versiegt. Er liefert das Trinkwasser, hier wird gebadet, die Wäsche gewaschen und mit Netzen gefischt. Etwa hundertfünfzig Menschen wohnen in tausend Meter Höhe auf ihren *ranchos*, den Gehöften der Großfamilien. Fast alle Bewohner von Las Higueras sind getauft, tragen spanische Namen und schließen Christus und Maria in ihren Glauben ein, die im geräumigen Pantheon der Huicholes bequem Platz gefunden haben und niemand dort stören.

Überall laufen die Vorbereitungen für das große Dankfest. Kleine, Piranha-ähnliche Fische aus dem Fluß werden ausgenommen, getrocknet und scharf gesalzen. Sie sind neben Bohnen und Kürbis die wichtigste Beilage zu den Mais-Tortillas, der Grundnahrung dieser Indianer, deren Vorfahren einst von dem Fleisch ihrer Jagdbeute gelebt haben. Die kleinen, vom ständigen Qualm der Herdfeuer verräucherten Hütten werden von den Männern nur zum Essen und Schlafen aufgesucht. Lucas' Frau Julitta backt große Mengen Tortillas und Tamales (Maiskuchen) für das Fest, das am Abend des nächsten Neumonds stattfinden soll, wenn Lucas rechtzeitig zurückkehrt.

Im Morgengrauen des sechsten Tages nach unserer Ankunft trifft er ein. Trotz seiner Erschöpfung kommt er nicht zum Schlafen, denn Enrique de la Torre Charez, der alte Schamane, wartet. Auf dem Hof seiner *rancho* soll das Fest stattfinden, zu dem auch die Götter geladen

Zubereitung des Peyote-Tranks

sind. Enrique prüft die mitgebrachten Peyote und sortiert sie nach Größe und Qualität. Am wertvollsten sind Pflanzen, deren Köpfe in magische fünf Segmente gerippt sind. Sie werden für die Dankzeremonie zurückgelegt.

Alle Mitglieder aus Enriques Großfamilie sind an der Zubereitung des Peyote beteiligt. Die Frauen besitzen in der Huichol-Gesellschaft einen hohen Status und sind daher auch im Peyote-Kult den Männern gleichgestellt. Bei großen Feiern, an denen Kinder und Heranwachsende teilnehmen, wird der Peyote nicht gegessen, sondern nach dem Säubern, Zerpflücken und Waschen auf einem Stein zerquetscht und als schaumiger Brei mit Wasser zu einem Getränk verdünnt. Neben Enrique und Lucas trägt noch ein dritter Mann den weißen Festanzug der Huicholes: Agustin Muños Buñuelo reibt mit einem Wurzelholz die Farbe an, mit der sich die Frauen für das Fest schminken. Er wird am Abend als *El Segundero* – als Zweiter Sänger – mit Enrique den Wechselgesang anstimmen.

Die Vorbereitungen sind kaum abge-
schlossen, als ein tropischer Regen-
sturm heranbraust. „Die Götter kommen!" sagt Lucas. Eine Stunde lang
stürzen alle Wassermassen des Himmels
und der Hölle auf Las Higueras, und
Orkanböen biegen die Baumkronen zu
tiefer Verneigung, rütteln an den zerbrechlichen Hütten und fegen Enriques
Hofplatz.

*Der alte Schamane
Enrique sortiert
die Peyote-Köpfe
nach Größe und
Qualität.*

Als der Spuk aufgehört hat, ist es Nacht geworden, und die Zeremonie kann in der vorgeschriebenen Dunkelheit beginnen. Zwischen den
Bergen von Las Higueras hängt jetzt ein trockenes Gewitter, dessen
Blitze und Donnergrollen das Fest bis in den frühen Morgen begleiten
und die Anwesenheit der Götter bezeugen. Für sie allein schmücken sich
Frauen und Kinder, und für sie singen Enrique und Agustin die Gebete,
in denen sie für Ernte und Regen danken und um Beistand in der kommenden Trockenzeit bitten. Immer mehr Menschen drängen sich auf
dem Platz zwischen Enriques Hütten; sie kommen aus den Nachbardör-
fern und bringen Kinder und Babys mit, die am Rand der Versammlung
unter der Obhut der älteren Schwestern auf ihren Decken einschlafen.

Eine Prozession kerzentragender Frauen stellt das Peyote-Getränk in
den Kreis. Kerzen sind das Symbol für ein langes Leben und seit Jahr-
hunderten als Opfergabe der Frauen Teil des Rituals.

Enrique trägt den Kopfschmuck aus Adlerfedern, das Zeichen seiner
Würde als *Mara'akáme*, nur zu den gesungenen Gebeten, während er
andere Handlungen der Zeremonie als einfaches Mitglied der Gemeinschaft mit gewöhnlichem Hut oder barhäuptig vollzieht. Zum Segnen
und Weihen des Peyote-Tranks werden Ohren, Vorderläufe und Fell –
das *berréndo* – eines Rehwilds in den Kreis getragen.

Dann ist der große Moment gekommen. Die Ehre, als erster vom
Peyote trinken zu dürfen, wird Lucas als dem einzigen Wallfahrer über-

lassen. Unbeeindruckt von einem fahlen Aufflammen des Himmels, dem ein krachender Donnerschlag folgt, taucht er den Schöpfbecher in das Gefäß mit dem Peyote-Trank, murmelt ein Gebet und trinkt in langsamen Schlucken. Enrique, der vorher Peyote gegessen hat, beteiligt sich jetzt nicht. Nach Lucas trinken die beiden Frauen von Enrique und Lucas, dann der Träger des *berréndo*, schließlich alle übrigen. In dieser Reihenfolge beginnt auch der stampfende Tanz, der mit vielen Unterbrechungen für einen Trunk aus dem Peyote-Becher bis zum frühen Morgen dauert.

Wir wissen nicht, welche Visionen der leichte Peyote-Rausch aus der Dunkelheit in die Köpfe der Leute von Higueras zaubert. Wenn sie den in glühenden Farben leuchtenden Garn-Bildern der Huicholes gleichen, wie die Tänzer uns versichern, sind es Erinnerungen an eine verlorene Zeit, von der man nicht mehr erzählen, sondern nur noch träumen kann.

Peyote war das Abschiedsgeschenk des Hirschgottes Kayumari – und zugleich ein Versprechen: Wenn dieses Leben zu Ende geht, werdet ihr wieder zurückkehren in die Jagdgründe der alten Zeit und bei uns, den Göttern und Ahnen, in *Wirikuta* sein.

Ein Garnbild, das von der mythischen Vergangenheit der Huicholes erzählt

6. DAS FLEISCH DER GÖTTER

Pilze mit sakraler Bedeutung tauchen aus dem Dunkel der amerikanischen Frühgeschichte erst in Zeugnissen der späten Hochkulturen auf: Halluzinogene Arten der Gattung Psilocybe, die sie *Teonanacatl* – „Fleisch der Götter" – nannten, galten den Azteken als heilig. Wie Peyote wurde auch der Pilzkult von den europäischen Missionaren als satanischer Götzendienst verurteilt und bekämpft. Doch die religiösen Traditionen, in denen die Einnahme rauschgifthaltiger Pilze zum Ritual gehörte, sind wesentlich älter als die aztekische Kultur und weisen tief in die prähistorische Welt des indianischen Amerika zurück. In einzelnen Regionen Mexikos und Guatemalas hat sich ihre zeremonielle Funktion bis heute erhalten – in einer seltsamen Überschneidung landeseigener Glaubensvorstellungen mit Elementen der römisch-katholischen Liturgie.

Ein Zentrum der alten indianischen Heilkunst ist der mazatekische Ort Huautla de Jiménez im mexikanischen Staat Oaxaca, dem Land der *brujos*, *curanderos* und *sabias* – der Hexer, Heiler und weisen Frauen. Huautla blickt von einem Bergrücken in eine grandiose Gebirgsszenerie.

Indianer beim Verzehr halluzinogener Pilze. Abbildung aus dem „Codex Magliabecchiano" (16. Jahrhundert)

An diesem Herbsttag durchqueren dramatische Wolkenformationen im Tiefflug das zerklüftete Tal, die zerkämmten Fetzen ziehen als Nebelschwaden durch Huautlas Straßen. Der Ort wurde zu Beginn der sechziger Jahre berühmt, als der Ethnologe Gordon Wasson hier die Curandera Maria Sabina entdeckte und bei ihr den Gebrauch der heiligen Pilze kennenlernte.

Zu ihren Nachfolgerinnen gehört die siebzigjährige Isabél Natália Martinéz. Ihr silbersträhniges Haar hat sie in zwei Zöpfe geflochten; das schöne Mazateken-Gesicht strahlt Würde und Güte aus. Auf dem steilen Hang hinter ihrer Hütte hat sie einen Herbalistengarten angelegt, der fast alles hervorbringt, was sie für die Behandlung ihrer Patienten braucht: Lorbeer gegen Erkältung, Kamille gegen Magenschmerzen, Kräuter und Gewürze, die auf Ausschlag und Schürfwunden gelegt werden, gegen Herzschmerzen und Koliken helfen. Überall im Gebüsch leuchten die weißen, glockenförmigen Blüten der Floripondio, einer engen Verwandten des Stechapfels. Das Alkaloid Scopolamin in Blättern und Frucht führt zu einem unangenehmen, gefährlichen Rausch, den die Mazateken als „böse" charakterisieren und ängstlich meiden. Die mit Schweinefett verriebenen Blätter dürfen nur äußerlich als Latwerge angewendet werden, um hohes Fieber zu vertreiben.

Dort, wo Isabéls Garten sich in die Wildnis verliert, wächst eine Salbei-Art mit violetter Rispenblüte, deren halluzinogen wirkende Blätter als *Hierba de la Pastora* in der mazatekischen Pharmakologie eine zwielichtige, dämonische Rolle spielen. Auch diese Pflanze würde eine Curandera nie anfassen. Die lysergsäurehaltigen Samen bestimmter Trichterwinden, die sie *Semilla de la Virgin* – Samen der Jungfrau – nennt, beschreibt Isabél dagegen als heilkräftig: „Man nimmt ein Häufchen von ihnen, zerstößt oder zermahlt sie und gießt Wasser dazu. Sie wirken wie die heiligen Pilze und heilen wie sie die Krankheiten der Seele. Aber im Magen verursachen sie Übelkeit."

Die heiligen Pilze wachsen nicht in ihrem Kräutergarten, sondern an eifersüchtig gehüteten Stellen in den Bergen um Huautla de Jiménez.

Für die therapeutische Séance, die heute abend in ihrem Haus stattfinden soll, wird Isabél die Pilze von einem Sammler erhalten, der seine Fundstellen auch ihr nie verraten würde. Er ist noch sehr jung und weiß doch schon alles über seine Pilze, denn er will später selbst ein Heiler werden: „Wir sammeln sie heimlich und sehr vorsichtig. Niemand darf während der Ernte und vor der Zeremonie die Pilze sehen. Sie müssen ihre Reinheit bewahren, damit sie alle Krankheiten zutage bringen, die in uns wohnen. Wir Mazateken haben diesen Brauch seit tausend Jahren, um unsere persönlichen und sozialen Übel zu heilen. Es gibt mehrere Arten: Einer heißt *Rumbe* und ist an Hängen und Abbruchkanten zu finden, wo die Erde rissig ist. Einen anderen nennen wir *San Isidro*; er wächst dort, wo Kühe grasen, oder zwischen faulendem Zuckerrohr. Dieser hier lebt unter Bäumen und wird *Hongo Pajarito* – ‚Vögelchen-Pilz' – genannt. Er hat die Kraft zum Weissagen: Er erleuchtet uns und macht offenbar, was uns zukünftig geschehen kann oder was wir in der Vergangenheit verloren haben."

Der Anblick unserer Kameraausrüstung inspiriert ihn zu einer etwas irritierenden Metapher: „Die Pilze sind das Blut unseres Herrn; wie ein Entwickler erhellen sie den Hintergrund unserer Probleme und zeigen uns die Ursachen wie auf einem Dia. Da kann man nicht lügen oder fälschen."

Isabéls Altar mit den heiligen Pilzen

Isabéls Zeremonienraum ist von äußerster Schlichtheit. Im Kerzenlicht erkennen wir einige Stühle und gegenüber einen alten Tisch, der als Altar dient. An der Wand darüber hängen Bilder von den Marienerscheinungen „Virgen de Guadelupe" und „Virgen de la Juquila" neben einem Foto von Johannes Paul II. Auf dem mit Devotionalien, Blumensträußen

und brennenden Kerzen geschmückten Altar sind die magischen Ingre-
dienzen der Séance ausgebreitet: geröstete Kakaobohnen, gemahlener
grüner Tabak, vier weiße Hühnereier, einzelne Federn des Guacamaya-
Papageis und ein großes Bananenblatt mit den Hauptdarstellern: etwa
zwei Handvoll *Hongos Pajaritos*. Die Zeremonie erinnert an ein katholi-
sches Abendmahl: Als eucharistische Gabe werden nicht Brot und Wein,
sondern ein Kakaotrunk (*choko-atl*, das „bittere Wasser") und die heiligen Pilze gereicht.

Hinter unserem blassen Begriff „Synkretismus" – der eher verach-
tungsvoll die Vermischung verschiedener Religionen und Glaubens-
inhalte bezeichnet – verbirgt sich hier eine leuchtend farbige Welt tiefer Religiosität. Durch einen kraftvollen Prozeß der Aneignung ist in
ländlichen Regionen Lateinamerikas ein lebendiger, undogmatischer
Katholizismus entstanden, der wichtige Elemente indianischer Spiritualität in das christliche Bekenntnis integriert hat.

Zu Beginn des Heilungsrituals wird die Armbeuge mit grüner Tabak-paste bemalt.

Der hilfesuchende Klient Francisco ist mit seiner Tochter Esther erschienen. Offenbar war sie es, die ihn zu diesem Versuch überreden konnte: Ihr Vater sei sehr unglücklich, hat sie zu Isabél gesagt. Als Beistand hat sie ihren Freund Laurentio mitgebracht. Alle drei werden von Isabél in den Armbeugen mit grüner Tabakpaste bemalt. Zu Francisco sagt sie: „Jetzt wirst du die Pilze essen. Sie vermitteln ihre Botschaft wie der Priester in der Kirche, wo sich die Gläubigen versammeln. Wie er erflehen sie von Gott und den gottesfürchtigen Toten Hilfe für unser Dasein und unser Fortkommen. Sie geben uns ihre guten Wünsche, ihren Tau, ihren Duft, ihre Energie und Reinheit. Denn wir, die auf Erden weilen, sind geweiht vom Himmel, um mit Fröhlichkeit zu leben."

Wenn die Pilze als Heilmittel eingesetzt werden, geht es meistens um ein seelisches oder ein soziales Problem. Woran Francisco leidet, ist noch unklar. Acht oder zehn der kleinen Pilze muß er roh zerkauen und hinunterschlucken. Es fällt ihm schwer, denn sie schmecken sehr bitter. Isabél ißt ebenfalls von dem „Fleisch der Götter". Dann betet sie: „Jesus Christus, Herr des Himmels, hilf uns jetzt, da wir diese heilige Nahrung zu uns nehmen. Jungfrau von Juquila und Jungfrau von Guadelupe, gebt uns Euren Segen für unser Wohlergehen und Eure Anordnungen für unser Wohltun. Mutter Pastora, führ uns auf den rechten Weg."

Während des Gebets, das sie wie eine Litanei wiederholt und variiert, hat sie weitere Kerzen und einige Copalklumpen im Räucherkelch entzündet, den sie vor Francisco hin und her schwenkt. Der leicht narkotisierende Weihrauch erfüllt den kleinen Raum und befördert die Wirkung der Pilze, die nach einer halben Stunde langsam einsetzt. Francisco friert, dann ist ihm heiß, und er zieht die Jacke aus. Die Augen hält er geschlossen – selbst das trübe Kerzenlicht scheint ihm weh zu tun.

Isabél kontrolliert aufmerksam seinen Zustand, um mildernd oder verstärkend auf die toxische Psychose einzuwirken. Francisco seufzt und ächzt und wird in der kommenden Stunde unter dem Einfluß der Pilz-Halluzinogene überwiegend unangenehme, immer heftigere Emotionen durchleben, die er später nicht näher beschreiben will. Sein Stöhnen deutet auf einen Ansturm verdrängter Gefühle wie Angst, Trauer und kindliche Ohnmacht.

Isabél bewedelt ihn mit einem Lorbeerstrauch. Die symbolische Reinigung des Patienten mit einem Blätterbusch gehört zu den archaischen Elementen der Zeremonie und wiederholt sich bei vielen Heilungsritualen in Mittel- und Südamerika. Auch Esther und ihr Freund Laurentio werden in die Fürbitten eingeschlossen, die jetzt an die Seelen der gottesfürchtigen Toten gerichtet sind.

Nach einer Stunde scheint sich Francisco aus dem Pilzrausch zu befreien. „Hast du geweint? Warum weinst du?" fragt er seine Tochter. „Weil ihr Eltern ständig Streit miteinander habt." Die religiöse Zeremonie mit Gebeten, Kerzen und Weihrauch hat eine Atmosphäre von Vertrauen und Intimität geschaffen – eine Beichtsituation ohne Schuld und Buße. In der Gelöstheit, die sich einstellt, wenn der Schmerz nachläßt und die Erinnerung an den Rausch eine distanziertere Sicht auf die eigene Person möglich macht, ist er offen und einsichtig. Er gibt zu, seine Frau zu schlagen und seine Arbeit zu vernachlässigen.

Isabél beginnt die Gesprächstherapie mit Vater und Tochter, indem sie Francisco mit einiger Derbheit den Kopf wäscht, wobei sie seinen Zustand wehrloser Zugänglichkeit ausnutzt, den der Pilzrausch hinterlassen hat: „Was sind das für Sorgen? Du möchtest eine neue Frau? Deine genügt dir nicht mehr? Möchtest du mit vielen Geliebten spielen? Du bist zu alt für solche Spiele! Die grauen Strähnen in unserem Haar sind das Zeichen der Reife. Wir können nicht länger spielen mit dem Leben."

Laurentio lacht bei dieser Ansprache, Esther lächelt unter Tränen. Franciscos vorsichtige Zärtlichkeit, mit der er seine Tochter um Verzeihung bittet, wirkt besorgt und zugleich erleichtert.

Isabél bezeichnet sich selbst als *Chjiné b'enda* – ein mazatekischer Ausdruck, der die ganze Spannweite ihres Berufs zwischen Heilkunde und Psychotherapie, Kräuterhexe und Seelsorgerin umfaßt. Ihre Behandlungsmethode ist hochmodern; Psilocybin als psycholytisches Therapeutikum ist auch bei uns wieder in der fachärztlichen Diskussion.

*Die Curandera
Isabél Natália
Martinéz*

Doch ihr Erfolgsgeheimnis ist ihre Persönlichkeit. Sie will den Hilfesuchenden nicht analytisch sondieren und sezieren, sondern ihn „ganz" lassen und ihm Mut machen, mit gezielter Selbstkritik ein besserer, nützlicherer und fröhlicherer Mensch zu werden.

Diese „Ganzheit" als Therapie kannte in früheren Zeiten auch die europäische Kultur: Abendmahl und Beichte, Lebenshilfe, moralische Ermutigung und Anleitung zum „In-sich-Gehen" durch die Autorität eines Priesters oder Rabbis konnten in ähnlicher Weise erlösen oder zu Lösungen führen. Mit der Funktionalisierung der seelsorgerischen, psychiatrischen und sozialtherapeutischen Aufgaben, die konkurrierenden Experten überantwortet wurden, begann ein Weg in die entgegengesetzte Richtung, der auch von den Spezialisten der isolierten Fachgebiete nicht mehr gemeinsam gegangen wird, sondern sich immer weiter verzweigt: Selbst innerhalb der Psychologie haben sich die Verfechter kontroverser Therapien – als Analytiker, Behavioristen oder Kognitivisten – inzwischen aus den Augen verloren und können sich nur noch durch Rauchzeichen verständigen.

Isabél Natália Martinéz redet immer noch auf Francisco ein. Er nickt, scheint zu verstehen. Esther und Laurentio tuscheln und amüsieren sich, wirken entspannt. Wir sind müde, denn es ist weit nach Mitternacht.

7. DER WEIN DER TOTEN

Während Peyote und Pilze zu Mittelamerika gehören, ist das dritte bedeutsame Halluzinogen unter den indianischen Rauschgiften im tropischen Südamerika zu Hause. Die Begegnung mit Ayahuasca führt uns weit zurück in die Frühzeit der indigenen Kulturen des Kontinents – zur schamanischen Magie im grünen Licht des Regenwalds.

Am Osthang der Anden von Kolumbien im Norden bis Bolivien im Süden entspringt ein gewaltiges System von Wasserläufen, die sich in der brasilianischen Tiefebene zum Amazonas, dem größten Stromgebiet der Erde, vereinigen. Zu seinen Quellflüssen gehört auch der Rio Pastaza, der das Grenzgebiet zwischen Ecuador und Peru durchfließt. An einem seiner Nebenarme, dem Rio Capahuari, liegt das Stammgebiet der Achuar.

Eine einmotorige Sportmaschine, deren Benzinpumpe auf dem Weg zur Rollbahn ausfällt, so daß wir der hinfälligen, gelegentlich aussetzenden Reservepumpe vertrauen müssen, fliegt uns von Puyo am Fuß der Anden nach Südosten bis nah an die peruanische Grenze. Von Amuantai an der Mündung des Capahuari in den Rio Pastaza trägt uns ein zwölf Meter langer Einbaum mit Hilfsmotor, dessen Tuckern die Kaimane in die Flucht schlägt, flußaufwärts durch den tropischen Urwald zu unserem Ziel, das wir nach sechs Stunden erreichen.

Wayus Entas ist ein uralter Siedlungsplatz, dessen ungeschriebene Geschichte weit vor der Inka-Zeit begann, wie Bodenfunde gezeigt haben. Heute verteilen sich hier etwa zwanzig Häuser rechts und links eines breiten, pistenähnlich planierten Weges, vom Steilufer auf der einen und der vogellärmenden Wildnis auf der anderen Seite zusammengedrängt. Bei unserer Ankunft scheint es verlassen bis auf einige Kinder, die Limonen von den Bäumen holen und Termitennester mit der Machete zu Hühnerfutter verarbeiten. Das Buschmesser ist das wichtigste, oft das einzige Werkzeug südamerikanischer Indianer, mit dem schon Zehnjährige perfekt umgehen.

Die männlichen Erwachsenen sind am anderen Ende der Siedlung mit dem Bau eines neuen Hauses beschäftigt: Ein junges Paar will heiraten, und alle Dorfbewohner fühlen Vorfreude und Verantwortung. Die kunstvolle Dachkonstruktion mit langen dünnen Ästen als Sparren und Latten, an die mit Lianenranken einzelne Palmwedel in vielfacher Überlappung gebunden werden, muß tropischen Ungewittern standhalten.

Schwere Feldarbeit ist Aufgabe der Frauen. Die Maniokwurzel – ein Wolfsmilchgewächs der Regenwaldgebiete, das hier Yucca genannt wird – ist Hauptnahrungsmittel und zugleich Basis der Chicha, des traditionellen Getränks im tropischen Südamerika für die Bewirtung von Gästen und andere festliche Anlässe. Jede verheiratete Frau macht ihre eigene Chicha nach ererbtem Gesetz: In Wayus Entas wird eine Mischung mit Bananen bevorzugt.

Die Achuar, die früher als Wildbeuter gelebt haben, gewöhnen sich nur mühsam an die Lebensweise von Pflanzern und Ackerbauern. Doch ihr Revier ist ausgejagt, die industrielle Zivilisation hat sie mit Holzvermarktung und Ölsuche eingekreist. Ihre Rodungen, auf denen Maniok, Kochbananen und die roten Süßkartoffeln angebaut werden, liegen Jahr für Jahr weiter vom Dorf entfernt: stundenlanges Schleppen ist die halbe Tagesarbeit. Auch jeder Eimer Wasser muß vom Fluß den steilen Hang heraufgeholt werden.

Unser Kinderdorf beginnt sich mit Eltern zu füllen. Fast alle Frauen tragen zu ihrer schweren Last aus Bananenstauden und Körben mit Maniokwurzeln, die sie auf dem Kopf balancieren oder über ein Stirnband auf dem Rücken schleppen, noch ein Bündel um eine freie Stelle des Körpers gewickelt, aus dem ein kleines Gesicht die Fremden beobachtet.

Die Männer haben die Arbeit am Hausbau für heute beendet und finden sich im überdachten Versammlungsplatz ein, um für uns eine Unterkunft und für sich die Verteilung der mitgebrachten Lebensmittel auszuhandeln.

Jeder Gast hat das Recht auf einen Willkommenstrunk: Die erwachsenen Frauen sind deshalb mit der Zubereitung der Chicha beschäftigt. Das Mehl der Maniokwurzel ist wegen seines hohen Blausäuregehalts nur genießbar, wenn der giftige Saft aus der geraspelten oder zerstampften Masse in geflochtenen Schläuchen ausgepreßt wird. In den mit Wasser versetzten, vergorenen Brei rühren die Frauen jetzt Bananenstücke und nehmen einen Teil davon in den Mund, um ihn durch intensives Vorkauen einzuspeicheln und dann in den Topf zurückzuspucken. Wir konnten nicht in Erfahrung bringen, ob die Enzyme als zusätzliches Ferment wirken oder ob so das Bukett seinen letzten Schliff erhält. *Nijiamanchi* ist das lautmalende Wort der Achuar für ihre Chicha.

Wir sind nicht die einzigen Besucher. Carlos, ein dreißigjähriger Quechua, dessen schwarzes Haar bis zu den Hüften reicht, ist mit uns eingetroffen, um sich von dem berühmten Schamanen von Wayus Entas behandeln zu lassen. Er hat Schmerzen in der Schulter, die zuweilen so stark werden, daß sie ihn bei der Arbeit behindern.

Der Schamane heißt Rafael Taish'. Sein Ruf als *wishin* – magischer Heiler – reicht weit über Wayus Entas hinaus. Auch innerhalb der Dorfgemeinschaft hat er den größten Einfluß und kann sich als einziger einen Hausstand mit mehreren Frauen leisten. Auch Jorge, der uns im Einbaum hergeführt hat, wird wie ein Gast bewirtet, denn er ist vor langer Zeit aus Wayus Entas fortgezogen und lebt in der Fremde. Er wird morgen seinem Cousin Rafael bei den Vorbereitungen für Carlos' Heilung assistieren. Für heute ist es zu spät, denn es wird dunkel, und die Nacht am Äquator kommt mit kurzer Dämmerung.

Im ersten Morgenlicht machen sich Rafael und Jorge auf den Weg, um die Zutaten für den Ayahuasca-Sud zu holen, den der Schamane für Carlos' Heilung braucht. Der Name *Ayahuasca* kommt aus der Quechua-

Sprache: *aya* ist das Wort für einen Verstorbenen und bedeutet zugleich „bitter"; *huasca* heißt soviel wie „Wein" oder „Rauschtrank".

Das Labyrinth der mäandernden Wasserläufe ist das Straßennetz Amazoniens und der selbstgebaute, mit einem Stechpaddel oder der Machete bewegte Einbaum das einzige Verkehrsmittel. Auf dem Rückweg wird der Kampf gegen die Strömung über eine Stunde und damit viermal länger dauern als der Hinweg. Rafael, der wie sein Helfer Jorge das Gesicht mit roten Linien bemalt hat, braucht die Blätter eines bestimmten Lianengewächses, das einige Meilen flußabwärts an einem Urwaldriesen emporwächst. Der Standort und das Alter der Pflanze, die von den Achuar *Yajé* [jaché] genannt wird, scheint ihm wichtiger zu sein als ihre Zugehörigkeit zu einer besonderen botanischen Variante innerhalb der artenreichen Gattung *Banisteriopsis*. Rafael zieht lange Ranken aus dem stammaufwärts wuchernden Geschlinge und legt die

Der Achuar Rafael trinkt Chicha, das traditionelle Getränk in Südamerika für die Bewirtung von Gästen und andere Feste.

gepflückten Blätter in ein großes Bananenblatt, das Jorge in den Händen hält.

Doch nicht die Yajé-Blätter sind das Hauptingredienz des Ayahuasca-Tranks, sondern die Stammranken einer anderen *Banisteriopsis*-Art, die hier *Natém* genannt wird und uns zurückführt nach Wayus Entas: Der Baum, an dem sie hochklettert, steht wenige Meter von Rafaels Haus entfernt – nicht zufällig, denn er hat sie selbst gepflanzt. Sie scheint der Yajé-Liane äußerlich vollkommen gleich, und nur Botaniker – und Rafael – können die Pflanzen unterscheiden. Ranken einer mittleren Stärke haben das richtige Alter und sind für Ayahuasca geeignet. Rafael zerschlägt sie mit der Machete in Stücke von halber Armlänge.

Die Zubereitung ist einfach. Jorge und Rafael schaben die Lianenranken ab, ohne die Rinde zu verletzen, zerspleißen sie und sieden sie zusammen mit den ebenfalls tryptaminhaltigen Yajé-Blättern sechs Stunden auf der Glut eines offenen Feuers, bis das Wasser im Blechgefäß verdampft ist und sich am Boden ein dickflüssiger Extrakt gesammelt hat.

Als zu Beginn unseres Jahrhunderts in ersten chemischen Analysen die Hauptwirkstoffe der Schlingpflanze isoliert wurden, nannte man sie „Telepathin", „Yajéin" oder „Banisterin". Erst später wurde festgestellt, daß diese Alkaloide mit dem Harmin identisch sind, das auch in den Räucherkelchen marokkanischer Wahrsagerinnen aus dem Brand der Steppenraute aufsteigt.

Jorge und Rafael bereiten die Pflanzen für den Ayahuasca-Sud vor.

Die Zeiten, als ein Achuar-Schamane den ganzen Körper für die Zeremonie bemalte, sind vorbei: Moderne Kleidung gilt als eindrucksvoller. Rafael hat die verblaßte Bemalung des Morgens abgewaschen und zieht mit der roten Farbe, die aus den Samenschalen des Orleanbaums gewonnen wird, lange Querlinien mit kurzen Diagonalen über sein Gesicht. Auch Jorge, der wieder assistieren wird, bemalt sich neu.

Bei Anbruch der Dunkelheit ist der Ayahuasca-Sud fertig. Das Konzentrat ist so stark, daß eine hohe Dosierung selbst für Rafael, der im Lauf seiner Schamanen-Jahre eine erhöhte Toleranz für das Gift erworben hat, tödlich wäre. Das Umfüllen des Suds durch Jorge in ein sehr kleines Fläschchen ist daher wichtig, denn während des Rituals muß ein randgefüllltes Gefäß restlos geleert werden. Rafaels Frauen haben vor dem Haus einen Holzstoß aufgeschichtet, den sie jetzt anzünden. Er wird bis zum Ende der Zeremonie ein weithin sichtbares Zeichen sein.

In Rafaels weitläufigem Hallenhaus ist es nahezu finster – auch bei diesem Rauschgift ist Dunkelheit vorgeschrieben. Der Schamane, der hier als einziger vom Ayahuasca trinkt, will nur die inneren Bilder sehen und in den psychedelischen Visionen nach Zeichen suchen, die ihm helfen, Carlos zu heilen. Ganz im Gegensatz zu der Pilz-Zeremonie gibt es auch keine Kommunikation mit dem Patienten, denn Rafaels Geist wird weit fort sein.

Auf einem Feuer sieden Natém-Ranken und Yajé-Blätter, bis das Wasser verdampft ist und ein dick-flüssiger Extrakt zurückbleibt.

Der „Wein der Toten" schmeckt noch unangenehmer als Peyote oder die mexikanischen Pilze. Die wenigen Schlucke sind so ekelerregend, daß sie meistens zu heftigem Erbrechen führen und selbst Rafael zu gründlicher Mundspülung zwingen.

Jorge reicht Rafael eine Zigarre und gibt ihm Feuer. Tabakrauch gilt in vielen indigenen Kulturen nicht als alltägliches Genußmittel, sondern als eine spirituelle Droge mit magischen Kräften. Während in anderen Regionen Amazoniens pflanzliche Zusätze im Ayahuasca-Trank die Wirkung manipulieren, kennen die Achuar nur Nikotin als einleitendes Stimulans.

Wie bei vielen Halluzinogenen hat der Ayahuasca-Rausch kaum äußerliche Wirkung und läßt die Kontrolle über Motorik und Verhalten unbeschädigt. Alles Geschehen offenbart sich in den magischen Bildern einer Innenwelt, in die kein Außenstehender eindringen kann. Ayahuasca führt den Schamanen in das Reich der Toten zu den Seelen der Ahnen, bei denen er Rat und Erkenntnis sucht. Die gemalten Illuminationen des peruanischen Ayahuasca-Schamanen Pablo Amaringo sind ein Versuch, die phantastischen Gestalten aus seinem mythischen Kosmos abzubilden und die dramatischen Konflikte zwischen guten und bösen Kräften, Schutzgeistern und Dämonen sichtbar zu machen, deren Zeuge er durch den „Wein der Toten" wurde.

Nach einer halben Stunde ist Rafael bereit für Carlos, der sich mit nacktem Rücken vor ihn auf einen Schemel hockt. Wieder beginnt die Behandlung mit einer symbolischen Reinigung; der Fächer ist diesmal ein Busch aus Zweigen des Orleanbaums. Während des langdauernden Abwedelns singt Rafael einen *icaro*. Die Icaro-Gesänge sind den einzelnen Phasen des Ayahuasca-Rituals zugeordnet; sie können bösen Zauber abwehren, Geister herbeirufen, die Visionen verstärken oder von der Reise in die Welt der Ahnen erzählen und an die Trauer erinnern, die jede Begegnung mit den Toten begleitet.

Magische Bilder einer im Ayahuasca-Rausch erlebten Innenwelt, dargestellt von Pablo Amaringo.

Aus der Dunkelheit wird Rafael von hundert Augen beobachtet: Ein stummes, tiefbeeindrucktes Publikum, das halbe Dorf mit Kindern, Babys und Hunden, verfolgt jede seiner Bewegungen.

Rafael legt endlich den Busch zur Seite und trinkt einen letzten Rest aus dem Ayahuasca-Fläschchen. Dann preßt er seinen Mund auf Carlos' Rücken. Die Mächte des Bösen haben Carlos mit vergifteten Pfeilen krank gemacht, die jetzt in seiner Schulter stecken. Mit lautem Zischen und Schmatzen saugt der Schamane sie aus der schmerzenden Stelle. Es folgt ein markdurchdringendes Knurren, das Grollen eines Jaguars in der Finsternis; dann spuckt er die unsichtbaren Pfeile aus, läßt sie langsam

mit seinem Speichel zur Erde gleiten. Das Ritual wiederholt sich sechsmal – und ist dann ganz plötzlich beendet. Carlos steht auf, zieht sein Hemd wieder an und geht davon. Rafaels Haus leert sich.

Etwa vier Stunden sind vergangen, seit der Holzstoß vor dem Haus angezündet wurde; er brennt noch immer – jemand muß ihn bewacht und geschürt haben. Daß die Heilung der rheumatischen oder arthrotischen Beschwerden erfolgreich war, ist schon bei Sonnenaufgang unüberhörbar. Carlos singt ein Quechua-Liebeslied. Es erzählt von den großherzigen Mädchen, die in Regennächten ihre durchnäßten Verehrer zu sich in die Hütte holen, und sein Gesang weckt das ganze Dorf.

8. BON YA

Das Grenzgebiet zwischen Thailand, Laos und Birma wird noch immer als „Goldenes Dreieck" bezeichnet – obwohl es weder dreieckig ist noch jemals golden war. Gold ruht in den Safes der Großbanken von Hongkong, Taipeh, Singapur und Bangkok und gehört einem Drogenmanagement von korrupten Politikern, Militärs und Geschäftsleuten, die aus billig gekauftem Rohopium Heroin und aus den Heroinqualen der Süchtigen Bankguthaben machen.

Seit Thailand die illegale Opiumproduktion in seinen Nordprovinzen unter Kontrolle gebracht hat, verstecken sich die Heroinkocher im undurchdringlichen Bergland zwischen den Flüssen Salween und Mekong. Versprengte Reste der 5. Armee Chiang Kai-shecks hatten den Drogenhandel der Region in den fünfziger Jahren aufgebaut. Sie waren nach der Niederlage gegen Mao Zedong nach Birma und Nordthailand geflüchtet, wo sie als antikommunistische Guerilla von der CIA am Leben gehalten wurden. Die War-Lords der marodierenden Truppe machten die schutzlosen Bergvölker zu Grundstofflieferanten des Heroins Nr. 4 – des reinsten Heroins der Welt.

Hier leben Volksgruppen, die sich Lahu, Lisu oder Akha, Hmong, Karen oder Yao nennen; sie sind überwiegend in den letzten hundertfünfzig Jahren aus Südwest-China in die Ausläufer des Himalaya bis nach Thailand gewandert. Aus ihrer chinesischen Heimat brachten sie das Wissen um Mohnanbau und die Tradition des Opiumrauchens mit. Die kleinen Felder, die ihnen für den eigenen Bedarf geblieben sind, liegen versteckt in der Bergwildnis an unzugänglichen Hängen in über tausend Meter Höhe, um sie vor staatlichen Drogenpatrouillen oder dem Zugriff der Heroin-Mafia zu schützen.

Ihre Mohnfelder nutzen die Lahu-Familien, um vor der Mohnsaat Mais anzubauen und nebenher Gemüse, vor allem Spinat und Bohnen, für den eigenen Bedarf zu ziehen. Diese Vorsaat verbessert zudem den Mineralgehalt des Bodens und dient bis zur Mohnblüte auch als Tarnung gegen Kontrollen aus der Luft. Zwischen dem Schlafmohn verstecken sich vereinzelt noch andere rufgeschädigte Pflanzen: Tabak und Hanf.

Auf den kalkigen Böden der dichtbewaldeten Hochregion findet der Mohn ideale Lebensbedingungen. Er wird im September ausgesät und der Saft bald nach der Blüte, die im Januar beginnt, geerntet. Dazu müssen die vertikal ausgerichteten Milchröhren in der Kapselwand mit einem mehrschneidigen, krallenartigen Messer angeritzt werden, hier mit senkrechten, in anderen Mohnkulturen mit waagerechten Schnitten von präziser Tiefe, damit der Saft nicht schon in der Kapsel verhärtet oder zuviel herausquillt und verlorengeht. Auch die Tageszeit variiert: In trockenen

Nur die überwiegend weiß blühende Kulturpflanze „Papaver somniferum" produziert in ihrer noch unreifen Fruchtkapsel den milchigen Saft, dem die Griechen den Namen „Opion" gaben. Hauptanbaugebiete des Schlafmohns sind neben Mexiko, dem Vorderen Orient und Afghanistan vor allem Indien, Pakistan und Südostasien.

Opiumrauchender Lahu mit traditioneller Holzpfeife

Zonen geschieht es am Abend, weil sonst die Opiummilch durch die Sonnenhitze gerinnen würde, bevor sie ausgetreten ist; in Gebieten mit hoher Luftfeuchtigkeit dagegen morgens, so daß sie mit dem nächtlichen Taufall nicht auf die Erde vertropft. Drei- bis viermal kann eine Kapsel angeritzt werden, bis ihre Saftproduktion versiegt.

Etwa acht bis zwölf Stunden nach dem Anschneiden, wenn die Opiummilch braun zu oxidieren beginnt und klebrig zäh geronnen ist, wird sie mit einem gekehlten Bambusschaber abgekratzt. Der Saft von zwanzig Kapseln ergibt ein knappes Gramm Rohopium; die gesamte Ernte eines rund 400 m² großen Feldes wiegt nicht mehr als 1 kg. Daraus lassen sich 10 g Morphin gewinnen, das in Speziallabors durch professionelle Chemiker in einem komplizierten Verfahren zu Diacethylmorphin aufgekocht wird – dem hochkonzentrierten Heroin Nr. 4. Doch die Ernte der Lahu-Familien ist allein für sie selbst und ihre Gäste bestimmt.

Mit der unfermentierten Ausbeute des Tages lassen sich etwa drei bis vier Opiumpfeifen füllen – kaum genug für einen Abend zu zweit.

Die Lahu bezeichnen sich selbst als *bon ya*, als „Kinder des Segens". Sie sind sehr würdebewußte, auf korrektes Verhalten und harmonisches Zusammenleben bedachte Menschen und gehören zu den wenigen Kulturgruppen, denen es gelungen ist, die Droge Opium sozial zu integrieren. Da immer maßvoll und nur an Abenden geraucht wird, kommt es trotz der Regelmäßigkeit zu keinen gesundheitlichen Schäden. Dennoch kennen auch sie den Mißbrauch und als zwangsläufige Folge die Abhängigkeit mit körperlichem Verfall. Nur verheiratete, wirtschaftlich gesicherte Männer dürfen Opium rauchen, um vor allem Jugendliche vor zu früher Gewohnheit zu schützen. Allein für Kranke sind Ausnahmen erlaubt.

Während früher der Schleichhandel mit Opium die wichtigste Einnahmequelle der Hochlandbevölkerung war, ist den unabhängigen Bauern heute die Möglichkeit zum Anbau für den Verkauf auf eigene Rechnung genommen. Die meisten Familien können sich nur ein- oder zweimal in der Woche einen Abend mit der Opiumpfeife leisten, da der Ertrag der letzten eigenen Felder nicht mehr ausreicht, um größere Vorräte für die Zeit nach der Ernte zu bilden.

Zum Ausklang eines langen Arbeitstages werden in den Lahu-Häusern die Opiumpfeifen vorbereitet. Die Raucher besitzen nicht mehr ihre alten, prächtigen Pfeifen aus verziertem Holz, Elfenbein oder einer mit Schildpatt verkleideten Zinnlegierung, sondern basteln sie aus einer gewöhnlichen Flasche.

Zuerst muß der Dross – der verbrannte Rest der letzten Opiumfüllung – aus dem Kopf der Pfeife gekratzt und mit dem noch klebrigen Rohopium vermengt werden, um die Masse zu binden und die Brennbarkeit zu erhöhen; ein wenig zerstoßenes Aspirin soll die Konsistenz zusätzlich verbessern. Mit einigen Tropfen Wasser oder Speichel wird der Teig geschmeidig geknetet, an der Flamme erwärmt und zu einem dünnen Strang gerollt. Ein erbsengroßes Stück dieser Opiumschlange wird auf

den „Stecher" gespießt und immer wieder über der Kerze erhitzt und geformt, bis es so in den Pfeifenkopf paßt, daß eine winzige Öffnung für den Rauchkanal frei bleibt.

Die erste Pfeife gebührt dem Gast; man raucht in einer entspannten Seitenlage und inhaliert unter ständigem Herumstochern und Wiederanzünden in kurzen, schnellen Zügen. Wenn das Opium nach kaum einer Minute verbrannt ist, dreht man sich auf den Rücken und läßt sich ins Nirwana treiben, ins „Erlöschen, Verwehen" aller Ängste und Schmerzen, aller Hoffnungen und Begierden: „Die Welt wird Traum, der Traum wird Welt."

Lahu-Frauen beteiligen sich nur in Ausnahmefällen und nur nach ausdrücklicher Aufforderung an der Opiumpfeife. Doch heute war der letzte Tag der Neujahrsfeier, und dies ist eine besondere Nacht. Die Geister wurden durch Opfer und Gebete zufriedengestellt, und die Zeichen für das neue Jahr sind gut. Jetzt kann die Seele während des Schlafs ungefährdet umherwandern und Erfahrungen sammeln.

Chandu – das Rauchopium – ist bis heute ein traditionelles Rauschmittel in allen asiatischen Regionen, die von chinesischer Kultur geprägt wurden. Die im Gegensatz zum Alkohol introvertierende, subtilere Wirkung des inhalierten Opiums entspricht dem Bedürfnis der kultivierten Chinesen nach einer meditativen, körperfernen Grundstimmung ohne ekstatische oder enthemmende Sensationen. Nirgends sonst auf der Welt wurde Opium so sehr zum Narkotikum der Massen wie in China.

Mit dem Vormarsch des Islam und auf den Spuren der arabischen Händler entlang der großen Karawanenstraßen war Opium vermutlich erst im 7. oder 8. Jahrhundert als Arznei und exklusives Laster nach China gekommen. Der Orientalist Adam Olearius berichtet 1635: „Der Opiumgebrauch ist auf Männer beschränkt; Frauen nehmen es nur, um sich umzubringen." Erst im 18. Jahrhundert, nachdem den Chinesen das Tabakrauchen durch kaiserliches Dekret verboten worden war, mutierte Rauchopium in kurzer Zeit zu einer Volksdroge, die das soziale Gefüge des Riesenreiches zu lähmen drohte. An dieser Entwicklung waren die Europäer aktiv beteiligt.

EN CHINE.

Profitant de la circonstance, pour engager les Chinois à se payer pour deux cent millions d'opium..

maison Martinet [r], r Rivoli et 41, r Vivienne.   Lith. Destouches, 28, r Paradis P^ss Pois.

„Bei dieser Gelegenheit konnten die Chinesen davon überzeugt werden, für 200 Millionen Opium zu erwerben." Satirisch-kritische Darstellung zum Opiumkrieg von Honoré Daumier

Die britische Ostindien-Company kontrollierte seit Mitte des 18. Jahrhunderts den Opiumanbau im indischen Bengalen. Mit dem massenhaften Schmuggel der Droge von Indien zur chinesischen Küste machte sie ihre höchsten Profite. Trotz verzweifelter Gegenwehr der politischen Führung in China, die längst die Gefahr erkannt hatte, forcierte die Monopolgesellschaft als erste aller Drogenmafias mit Hilfe korrupter Beamter den illegalen Handel bengalischen Opiums gegen Tee und Seide aus China. Als die Abwehrmaßnahmen der Regierung in Kanton zu greifen begannen, zerschlugen englische Truppen 1840 im sogenannten Opiumkrieg den Widerstand der Chinesen. In demütigenden Verhandlungen wurden sie gezwungen, Hongkong an die britische Krone abzutreten und Shanghai und weitere Häfen für den Warenverkehr zu öffnen. Auch alle späteren Versuche, sich gegen das Wirtschaftsdiktat aufzulehnen, wurden durch militärische Intervention der europäischen Mächte im Keim erstickt. Die Chinesen mußten sich durch

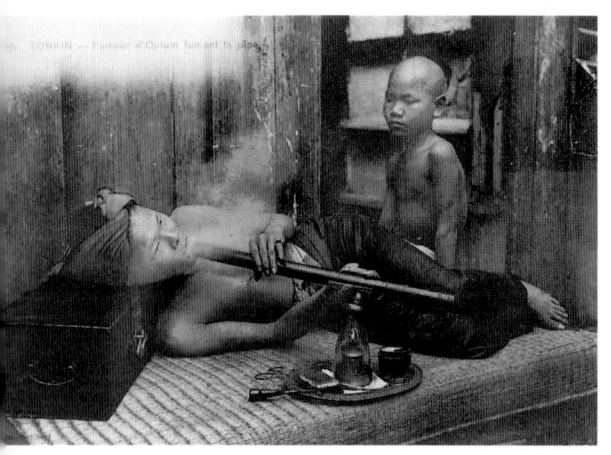

Legalisierung des Opiumhandels dem Rauschgift ausliefern.

Eine weitere Folge des verlorenen Opiumkrieges war die Entscheidung der Chinesen, zumindest den wirtschaftlichen Schaden durch Ausweitung des eigenen Mohnanbaus in Grenzen zu halten. Die Warnung eines französischen Missionspriesters aus jener Zeit

Inhaliertes Opium hat eine introvertierende Wirkung.

klingt wie eine Prophezeiung: „Wenn die Europäer einst genötigt wären, Opium in den chinesischen Häfen zu kaufen, um sich selbst damit zu vergiften, könnte man wohl mit Recht ausrufen: Lasset Gott Gerechtigkeit ausüben!"

حشائش بستاني
حب

9. TAU
DES ABENDS

Die Geschichte des Opiums ist weit mehr europäisch als asiatisch geprägt und beginnt – wie die aller bedeutenden Rauschgifte mit Ausnahme des Alkohols – in der Heilkunde; ihre Anfänge werden vor mehr als viertausend Jahren an den östlichen Küsten des Mittelmeers vermutet. Aus den Tränen der Aphrodite, die um Adonis weinte, wuchs der Mohn, den Demeter den Menschen schenkte, nachdem er ihren Kummer um die geraubte Persephone gelindert hatte.

Seit Hippokrates empfahlen die Mediziner der Antike den getrockneten Mohnsaft gegen Schlaflosigkeit, Fieber oder Magen-Darm-Beschwerden – eine fragwürdige Therapie, denn Opium hat schon in geringer Dosierung einen lähmenden, bei regelmäßiger Einnahme einen chronisch schädigenden Effekt auf das Verdauungssystem.

Vor allem aber war es schon damals das Wundermittel gegen alle Arten starker Schmerzen. „Es ist betäubend und stillt jeden Schmerz, ob es getrunken oder aufgestrichen wird", schrieb Galen, die ärztliche Autorität im alten Europa. Dem gekreuzigten Christus wurde ein mit Essig und Opium getränkter Schwamm gereicht, um ihm das Sterben zu erleichtern (diesen *Spongia somnifera* gewährte man noch im Mittelalter als seltene Gabe bei besonders qualvollen Hinrichtungen).

Öffentliche Theriak-Zubereitung. Nach einem Holzschnitt aus dem Jahr 1500

Als Gegengift (Antidot) bei nahezu allen Erkrankungen galt der Theriak, eine Lösung von gepulvertem Opium in Wein, in die neben allerlei obskuren Kräutern auch Schlangenfleisch gemischt wurde. Theriak war die berühmteste Rezeptur des Altertums und blieb es bis zum Beginn der Neuzeit. In Nürnberg, Bologna und Venedig wurde die öffentliche Theriak-

Herstellung noch im 18. Jahrhundert wie ein Volksfest gefeiert.

Doch auch die Gefahren des Opiums waren früh bekannt: „Es stumpft den Intellekt ab, engt das Bewußtsein ein, durchkreuzt vernünftiges Beratschlagen, schwächt die Verdauung und bringt schließlich den Tod durch das Unterkühlen der natürlichen Funktionen", warnt schon um die Jahrtausendwende der große islamische Arzt und Philosoph Ibn Sina, genannt Avicenna – was ihn angeblich nicht hinderte, selbst an einer Überdosis Opium zu sterben.

Theophrast von Hohenheim, der sich Paracelsus nannte, war sein ebenbürtiger Nachfolger am Ausgang des Mittelalters: „Ich hab ein Arcanum, nenn ich Laudanum, ist über das alles, was

Diese Schlafgöttin von Gazi wurde vor 3500 Jahren in Kreta aus Terrakotta geformt. In ihrem Kopfschmuck trägt sie drei beweglich eingesteckte Mohnkapseln.

es zum Tode weichen will." Paracelsus' Wundermedizin Laudanum – „das Lobenswerte" – war auch nur eine Art Theriak: in Wein gelöstes Opiumpulver, versetzt mit Extrakten aus Bilsenkraut und anderen Nachtschattengewächsen.

Laudanum wurde bald zum Synonym für Opium. Das Urteil des Arztes Thomas Sydenham erklang im England des 17. Jahrhunderts wie ein Fanfarenstoß, dessen Echo lange nachhallte: „Unter den Heilmitteln, die der allmächtige Gott dem Menschen zur Linderung seiner Leiden gegeben hat, ist keines so allumfassend und wirksam wie das Opium." Sydenhams safranhaltige Opiumtinktur stand noch um 1900 als Schlaf- und Schmerzmittel in allen Apotheken; ein Leben ohne Laudanum fand selbst die Queen Victoria „not amusing". Wenige Tropfen befreiten von

Depressionen unnd Störungen der weiblichen Befindlichkeit und machten philosophische Gedanken. Kleinkinder wurden mit verdünntem Laudanum oder opiumhaltigen Hustensäften ruhiggestellt („Mother Bailey' 'Quieting Syrup"), während ihre Eltern in den aufwuchernden Industriezentren Englands vierzehn Stunden täglich schuften mußten und sich am freien Sonntag mit Opium betäubten, weil es billiger war als Gin und Bier. Besonders begehrt war Laudanum-Glühwein, heiß und ohne Zucker. In London und Paris entstanden die ersten Opiumhöhlen, in denen die Droge jetzt zunehmend auch geraucht wurde.

Du scheinst nur furchtbar –
Köstlicher Balsam
Träuft aus deiner Hand,
Aus dem Bündel Mohn.
In süßer Trunkenheit
Entfaltest du die schweren Flügel des Gemüts.
Und schenkst uns Freuden
Dunkel und unaussprechlich,
Heimlich, wie du selbst bist,
Freuden, die uns
Einen Himmel ahnden lassen.

Novalis' „Hymnen an die Nacht" erschienen im Jahr 1800 und signalisierten eine Wende in der abendländischen Geistesgeschichte. Ein existentielles Fernweh hatte die jungen Romantiker ergriffen. Sie wollten ihren Kopf aus den Käfigen der klassischen Rationalität befreien und empfanden die Ideale der bürgerlichen Aufklärung als akademische Schulmeisterei. Die Nachtseite der Natur, die Bilder der Innenwelt in Traum und Rausch wurden zur Quelle poetischer Inspiration.

Wie Novalis experimentierten viele Dichter der beginnenden Moderne in Deutschland, Frankreich und England mit Rauschgiften, vor allem mit Opium. Das berühmteste Gedicht der englischen Romantik schrieb

Samuel Taylor Coleridge unmittelbar nach dem Erwachen aus den Traumbildern eines Opiumschlafs: „In Xanadu ließ Kublai Khan / Ein Schloß erbau'n zu Lust und Pracht / Wo Alph rauscht, der geweihte Strom / Durch Höhlen riesig wie ein Dom / Hinab ins Meer der Nacht ..."

Opiumträume, die weniger der eigenen Erfahrung als der dichterischen Intention entstammten, um die phantastischen Szenerien einer romantischen „Gegenwelt" in das gewünschte Zwielicht zu tauchen, gehören zum literarischen Fundus der ersten Hälfte des 19. Jahrhunderts. Von E.T.A. Hoffmann bis Edgar Allan Poe, von den Schauerromanen und Gothic novels über Jan Potockis *Handschrift von Saragossa* bis hin zu Robert Louis Stevensons *Dr. Jekyll und Mr. Hyde*

waren Mesmerismus, okkulte oder „wissenschaftliche" Experimente und Traumphantasien nach Einnahme psychotroper Elixiere wiederkehrende Standardmotive von Erzählungen, die in rembrandtschem Hell-Dunkel den Kontrast von rationalem Fortschrittsglauben zu irrationaler Seelenlandschaft in vibrierende Schwingungen versetzten.

1821 brachten Thomas de Quinceys *Bekenntnisse eines englischen Opiumessers* Ungemach in das gruselnde Behagen der Upper class an den lobenswerten Tropfen. Viele nahmen Laudanum, aber niemand wollte die Wahrheit hören. De Quincey schilderte seinen Weg in die Sucht so offen und überzeugend, daß jeder sich wiedererkennen konnte.

Der Schriftsteller Thomas de Quincey (1785-1859) veröffentlichte 1821 die autobiographische Schrift „Bekenntnisse eines englischen Opiumessers".

Für lange Zeit hatte er geglaubt, in dem Rauschgift „the milk of paradise" und das „Geheimnis der Glückseligkeit" gefunden zu haben, das „den göttlichen Teil des eigenen Wesens emporsteigen" ließ: „Du baust aus dem Herzen der Dunkelheit, aus den phantastischen Bildwerken des Hirnes Städte und Tempel ... Nur du weißt zu schenken, nur du hast die Schlüssel des Paradieses, o gerechtes, subtiles und mächtiges Opium."

Nachdem er wegen der schweren Nebenwirkungen auf Magen und Darm das Opium aufgeben mußte, folgen in den „Seufzern aus der Tiefe" die Leiden des Entzugs: „Ich lebte Jahrtausende und wurde dann in steinernen Särgen begraben, zusammen mit Mumien und Sphinxen, im Herzen ewiger Pyramiden. Ich wurde von Krokodilen geküßt, mit krebsartigen Küssen, und wurde zusammen mit allen unaussprechlichen Mißgeburten zwischen Schilf und Nilschlamm gelegt." Und die sich ins Endlose quälenden Alpträume erinnern ihn an die berühmten *Carceri*-Zeichnungen von Giovanni Battista Piranesi: „An der Seite der Mauern sah man eine Treppe sich hinaufwinden, die plötzlich ein Ende erreicht, ohne irgendein Geländer, und keinen Schritt dem erlaubt, der das äußerste Ende erreichen sollte, es sei denn hinunter in die Tiefe. Erhebe deinen Blick und entdecke weiter oben noch eine Treppe, und abermals eine noch luftigere Treppe, und so geht es immer weiter, bis sich die unendlichen Treppen in der oberen Düsternis der Halle verlieren. Mit derselben Kraft endlosen Wachstums und ständiger Selbstreproduktion schritt meine Architektur der Träume voran ..."

Hundert Jahre nach de Quincey beschrieb und illustrierte Jean Cocteau seine Haßliebe zum Opium und seine wiederholten Versuche, sich davon zu befreien. Mehrere Entziehungskuren scheiterten, auch er blieb lebenslang abhängig. In seinem *Tagebuch einer Entziehung* wechselt er ständig zwischen der hellsichtigen Verurteilung seiner Sucht und ihrer zwanghaften Apologie: „Was beim Opiumgenuß den Organismus dem Tod entgegenführt, ist euphorischer Art. Die Martern kommen von einer Rückkehr zum Leben, einer Rückkehr ‚gegen den Strich'. Ein voller Frühling durchtobt die Adern und spült Eisklumpen und glühende Lava

Giovanni Battista Piranesi, „Carceri"

mit sich ... Erwartet von mir nicht, daß ich Verrat übe! Selbstverständlich bleibt das Opium einzigartig und seine Euphorie dem Wohlbefinden des Gesunden überlegen. Ich verdanke ihm meine vollkommenen Daseinsstunden ..."

Bis er schließlich in dem „Brief an Jacques Maritain" die ganze Wahrheit akzeptiert: „Meine Flucht ins Opium ist das gleiche wie die Flucht in die Krankheit bei Freud ... Das Opium trägt uns auf den Strom der Toten, es nimmt uns unsere Körperlichkeit, bis wir zu einer luftigen

Wiese geworden sind. In der Nacht des Körpers funkeln unzählige Sterne, doch unser Glück existiert nur in einem Spiegel. Wir werden von Kopf bis Fuß zu einer Lüge. Wir verwandeln uns langsam in eine Mumie: die Fabrik schläft ein."

Illustration von Jean Cocteau, aus der französischen Originalausgabe von „Opium. Journal d'une désintoxication", Paris 1930

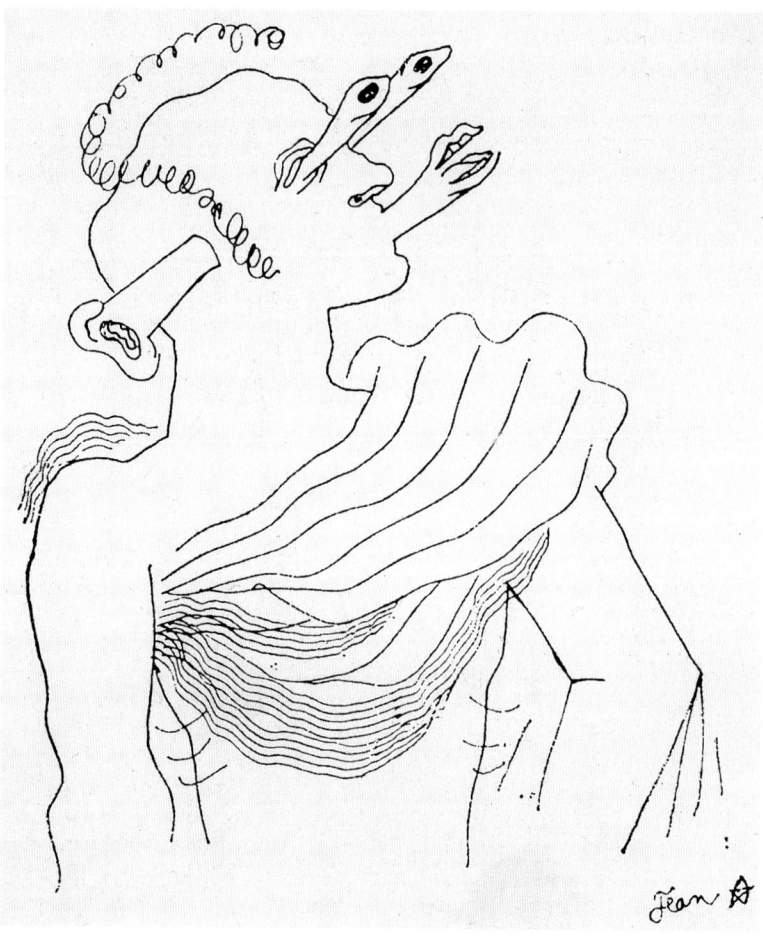

10.
BETÄUBENDE STILLE

Bereits 1804 hatte – wiederum in Europa – der zweite Abschnitt in der Geschichte des Opiums begonnen. Einem bis dahin unbekannten Apotheker war es gelungen, das *principium somniferi* – den schlafbringenden Stoff – im Opium zu isolieren. Was anfangs als Nachricht aus der norddeutschen Provinz abgetan wurde, weil Friedrich Wilhelm Sertürner seine analytischen Versuche in den bescheidenen Laboratorien der Apotheken von Einbeck und Hameln durchgeführt hatte, machte bald darauf dank der Bestätigung durch französische Kollegen den Weg frei für die moderne Anästhesie und schuf damit die Voraussetzung für fast unvorstellbare Fortschritte in der Chirurgie des 20. Jahrhunderts.

F. W. Sertürner gelang es 1804, das Morphin im Opium zu isolieren und damit ein ganz neues Kapitel in der Geschichte der Schmerz- und Narkosemittel aufzuschlagen.

Mit verdünnten Säuren und Laugen extrahierte und filterte Sertürner aus dem Opiumsud eine kristalline Substanz, die geruchlos war und schwach bitter schmeckte. Ihre Wirkung testete er im Selbstversuch: „Sie zeigte sich durch Schmerz in der Magengegend, Ermattung und starke, an Ohnmacht grenzende Betäubung; liegend geriet ich in einen traumartigen Zustand ..."

Nach Ovids Morpheus, dem Gott der Träume, nannte er die Substanz Morphium. Damit war zum erstenmal in einem pflanzlichen Produkt das Wirksame vom Unwirksamen getrennt und gezielt herausgezogen worden. Morphin gehört zu einer Gruppe organischer Stoffe, die man ihres basischen Charakters wegen als „Alkaloide" bezeichnet; allein das Opium weist rund dreißig solcher

Alte Morphin-Werbung der Darmstädter Pharma-Fabrik MERCK in einer australischen Apotheker-Zeitschrift

Verbindungen auf, die alle eine pharmakologische Bedeutung haben. Es war die Alkaloid-Chemie, die bald darauf den Anstoß zum Aufbau der pharmazeutischen Fabriken gab. Schon 1827 begann die Massenproduktion von Morphin durch die Darmstädter Firma MERCK.

Als wenig später auch die Hohlnadel zum Injizieren der Medikamente unter die Haut erfunden wurde, kam endlich die Lösung für das Problem der richtigen Dosierung in Sicht – gerade rechtzeitig für das kommende Zeitalter der Stellungskriege und Massenvernichtungswaffen. Die Lazarette des amerikanischen Bürgerkrieges waren überfüllt mit Probanden für das neue Schmerz- und Narkosemittel, und Europa zog nach mit den Verwundeten des deutsch-französischen Krieges. Morphin wurde die „Soldatenmedizin", Morphinismus die „Soldatenkrankheit".

Im Wettstreit zwischen den Ingenieuren der Waffentechnologie und den Ärzten, die den angerichteten Schaden reparieren mußten, engagierte sich die chemische Industrie auf beiden Seiten. Während für die Militärs chemische Kampfstoffe entwickelt wurden, suchte man mit den Medizinern weiter nach dem idealen Schmerzmittel. Denn alle Versuche, mit neuen Opiaten die analgetischen Eigenschaften des Morphins zu erhalten und zugleich die Suchtgefahr auszuschließen, scheiterten. Als Irrweg erwies sich auch die Verbindung von Morphin und Essigsäure zu Heroin, das erstmals 1898 in den Elbersfelder Farbenfabriken produziert und wie Aspirin vermarktet wurde. „Heroin" – als Geschenk an die verkrüppelten Helden des Vaterlands gedacht – wurde zur gefährlichsten aller Suchtdrogen.

Doch die ständige Weiterarbeit der Pharmazeuten an opiumhaltigen Medikamenten führte schließlich zu der mächtigsten Abwehrwaffe gegen körperliche Qualen. Nachdem es 1925 gelungen war, die komplizierte Strukturformel des Morphins zu bestimmen, dauerte es noch ein Vierteljahrhundert bis zum dritten Schritt – seiner synthetischen Imitation. Damit war der Weg frei für eine neue Generation von Schmerz- und Narkosemitteln, deren Wirkungsweise genau auf ihren medizinischen Einsatz zugeschnitten ist: Die modernen Opioide sind bis heute das Maß aller Dinge in der Schmerzbekämpfung.

Eines der wichtigsten unter über viertausend Opioiden ist das in Belgien entwickelte Fentanyl, das etwa hundertmal stärker betäubt als Morphin und dank seiner kurzen Wirkzeit besonders genau dosierbar ist.

Während Opioide seit langem als wichtigste Medikation der Narkose anerkannt sind, werden sie in der Schmerztherapie – zumindest in Deutschland – noch immer mit dem längst widerlegten Argument der Suchtgefahr gemieden oder in unverantwortlicher Weise verweigert.

Dr. Lukas Radbruch behandelt in der Schmerzambulanz der Universitätsklinik Köln Patienten mit chronischen Schmerzen:

„Morphin und andere Opioide sind aus der Behandlung von Tumorschmerzen nicht mehr wegzudenken. Im Verlauf einer Tumorerkrankung leidet über die Hälfte der Patienten an so starken Schmerzen, daß sie auch entsprechend starke Schmerzmittel benötigen. Bereits vor zehn Jahren hat die Weltgesundheitsorganisation Richtlinien zur Behandlung von Tumorschmerzen erstellt, in denen der regelmäßige Einsatz von Opioiden eine zentrale Stelle einnimmt. Die konsequente Einhaltung der

Richtlinien führt zu einer guten Schmerzlinderung beim überwiegenden Teil der Patienten, wie unter anderem in einer großen Untersuchung an unserer Schmerzambulanz bestätigt werden konnte.

Leider muß man sagen, daß Deutschland auf dem Gebiet der Opiat-Therapie immer noch ein Entwicklungsland ist. Es gibt zwar in letzter Zeit Ansätze zu Verbesserungen, daß auch Hausärzte, niedergelassene Ärzte mehr Opiate verschreiben, aber immer noch bekommen die meisten Patienten mit starken oder stärksten Schmerzen höchstens kurzfristig – oder eben gar nicht – ausreichend Schmerzmedikamente.

Dafür gibt es mehrere Gründe. Zum einen macht es das Betäubungsmittelgesetz für die Hausärzte fast gefährlich, ausreichend Opioide zu verschreiben. In vielen Arztpraxen sind nicht einmal die notwendigen speziellen Rezeptvordrucke vorhanden. Zweitens ist das Fach Schmerztherapie selbst erst seit kurzem in der Medizinausbildung verankert; und drittens führt der ‚Morphium-Mythos‘ auf beiden Seiten – bei Ärzten wie bei Patienten und deren Angehörigen – immer noch zu Unsicherheit gegenüber gesetzlichen Bestimmungen oder zu Ängsten und Befürchtungen vor Abhängigkeit und Nebenwirkungen. Tatsächlich entwickeln Patienten mit extremen Schmerzen so gut wie nie eine Abhängigkeit. Wenn man es ganz vereinfacht sagen will, sind die Schmerzen das ‚Gegengift‘ für das Medikament, das heißt, wenn wir die richtige Dosis finden, dann wird das Gefährdungspotential durch den Schmerz wieder aufgehoben, und all die schädlichen Nebenwirkungen sehen wir nicht.

Neue Anwendungsformen erleichtern die Therapie. Die Patienten können mit einem Pflaster behandelt werden, das in einem Depot in seiner Mitte ein starkes Schmerzmittel enthält, zum Beispiel das Opiat Fentanyl. Das Pflaster wird auf die Haut aufgeklebt und gibt dann über zwei bis drei Tage langsam den Wirkstoff ab. Das hat für die Patienten nicht nur den Vorteil, weniger Medikamente einnehmen zu müssen; wir haben überdies den Eindruck, daß bei dieser Applikationsform die Nebenwirkungen geringer sind als bei anderen Schmerzmitteln. Vorerst ist das Pflaster nur für Tumorpatienten zugelassen; die Einstellung muß

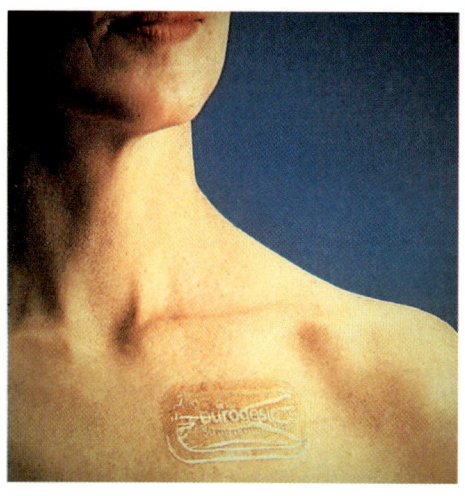

*Das Fentanyl-
Pflaster, das über
drei Tage seinen
Wirkstoff über die
Haut abgibt, hat
sich als erfolgrei-
ches Mittel in der
Therapie von
Tumorschmerzen
erwiesen.*

*von einem schmerztherapeutisch erfahrenen
Arzt im Krankenhaus durchgeführt werden.*

*Wir sagen – und können das auch mit
unseren Ergebnissen belegen –, daß keine
Gefahr besteht, wenn man es richtig macht,
und daß fast alle Patienten von ihren
Schmerzen weitgehend befreit werden können."*

Nichts in der großen Natur ist dem Schlaf-
mohn vergleichbar. Morphium und die mor-
phinverwandten Derivate des Opiums haben als Schmerz- und Be-
täubungsmittel mehr Menschen geholfen als jeder andere pflanzliche
Stoff. Als Rauschdroge jedoch, ohne das „Gegengift" chronischer
Schmerzen, führen Opiate, allen voran das Heroin, zwangsläufig in die
Abhängigkeit und entziehen sich damit jeder verträglichen Dosierung.
Denn eben dies ist die Definition der Sucht: Die Droge selbst diktiert die
Dosis. Wer sich diesem Diktat unterwirft, kann auf keinen wundersamen
Aufschwung der Gefühle mehr hoffen: Heroin ist nur noch das
Schmerzmittel gegen die Folgen des Heroins, um den an allen Enden
brennenden Körper noch eine Zeitlang ertragen zu können. Oft sind es
besonders sensible, besonders schutzlose Menschen, die abhängig wurden, weil sie sich den Raum zum Leben nicht erobern konnten, sondern
nach innen ausweichen mußten. Die meisten Heroinkranken waren
noch Teenager, als sie der Verführung erlagen. Allzuviel hatte die Droge
versprochen: Entspannung in den Wirren des Heranwachsens, Besänfti-
gung der Versagensängste, Auslöschen der Selbstzweifel, Stille im
Sturm der Gefühle. Jetzt, zehn oder fünfzehn Jahre später, müssen sie
sich alle sechs bis acht Stunden eine Heroinspritze geben, um die sich
ständig erneuernden Entzugssymptome zu ertragen.

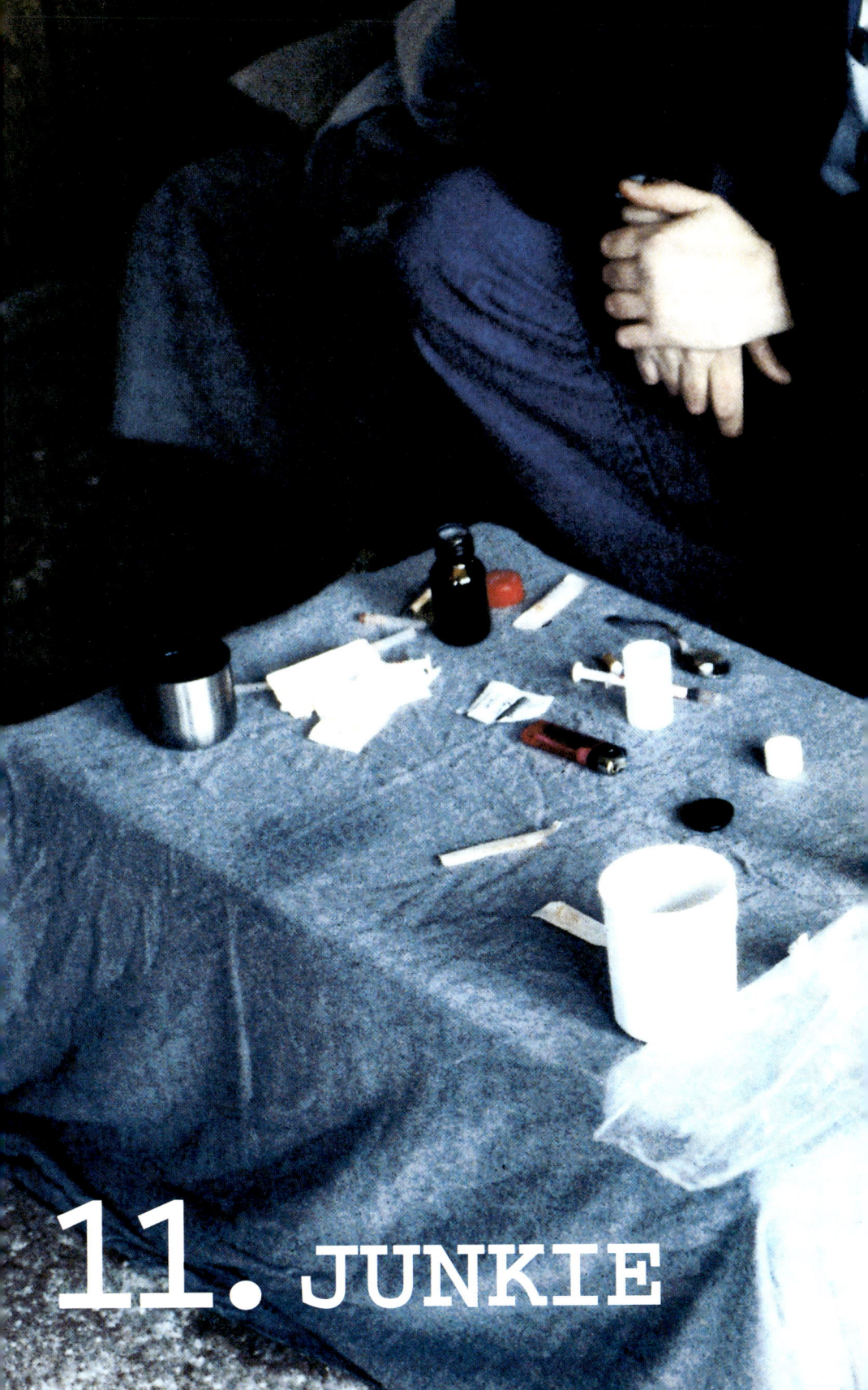

11. JUNKIE

„I´ve seen the needle and the damage done
A little part of it in everyone
Every Junkie´s like a settin' sun."
Neil Young

S ie sind im zweiten Stockwerk eines leerstehenden Gebäudes, das
früher von Grenzsicherungstruppen der DDR bevölkert wurde,
und gehen zielbewußt durch einen langen, dunklen Flur mit
Türen auf beiden Seiten, die im Zugwind gegen den Rahmen
schlagen. In allen Zimmern Müll, leere Dosen, herabgerissene Tapeten,
Glasscherben. Der Raum, den sie betreten, sieht etwas freundlicher aus,
als hätte ihn jemand gefegt. Durch die zerbrochenen Fensterscheiben
dringt die bittere Kälte eines glasklaren Tages im Februar. In der Ecke
steht ein Sofa mit einem Schlafsack und einer Decke, davor ein Tisch, ein
Stuhl.

Barbara: „Das ist aber auch 'ne Saukälte in diesem Stall hier!"

Sie haben sich an den Tisch gesetzt, die fröstelnde Barbara wickelt sich
in die Decke. Olaf zerdrückt das Heroinpulver in einem Löffel: „Meinst du,
das bringt noch viel?"

„Ja, logo, aber drück mal richtig."

Sie läßt etwas Wasser hineintropfen, Olaf bröselt Ascorbinpulver dazu.
Dann nimmt sie den Löffel vorsichtig hoch und kocht die bräunliche He-
roinlösung über der Flamme ihres Feuerzeugs: „Komisch, wenn ich affig
bin, hab' ich keinen Tatter."

Mit einer Zeitlupenbewegung legt sie den Löffel wieder auf den Tisch.
Olaf zieht die Spritze auf.

Barbara: „Das geht alles in eine, oder?"

„Das wird eng."

„Macht ja nichts, dann machen wir den Rest gleich in die andere."

„Ich hab' dir gesagt, daß wir zuviel Wasser haben."

„Nein, zieh noch etwas hoch – ich hab' ja, guck mal, vierzig Wasser ..."

„Ja, ja, stimmt."

„... und noch mal zehn oder so ... oh Gott, ist das kalt."

„Ich brauch' 'ne Nadel mal kurz. Packst du mal 'ne Nadel drauf, 'ne saubere? Nur raufstecken."

Olaf geht mit der Spritze in der Hand zu Barbara, die sich in Positur setzt und das Haar zurückstreicht, so daß der Hals frei wird: „Aber kein Ei, ne? Paß auf!"

Sie holt tief Luft und preßt Druck in den Kopf, damit die Gefäße am Hals hervortreten. Olaf versucht die Vene zu finden.

„Ich krieg' sie nicht zu fassen, Mädchen ... Doch, jetzt hab' ich sie ... Nee, ich krieg' sie nicht zu fassen."

Barbara stöhnt: „Ich brauch' Luft!" Sie atmet aus: „Du kriegst sie! Ich drück' noch mal, ruhig bleiben, wenn du sie hast, nicht gleich abdrücken ..." Sie hält den Kopf höher: „Oder soll ich so ...?"

„Halt mal hoch, ja ... Jetzt hab' ich sie!"

Barbara stöhnt: „Ich hol' Luft."

„Nein, jetzt bleibst du ruhig."

„Ich kann nicht mehr, ich hol' Luft."

„Ja, hol Luft, ganz ruhig ..."

„Drück ab."

„Jetzt bin ich drin."

„Drück ab ... au ... ich brauch' Luft."

Barbara atmet aus und wischt das Blut ab, das ihr am Hals hinabläuft.

„Hast du noch 'n Taschentuch?"

Olaf: „Babsi, so geht das nicht. Du mußt es dir selber machen, das geht so nicht. Echt!"

Barbara: „Ich drück' jetzt noch einmal ..."

„Ja, dann mach!"

„Bist du drin?"

„Nein, eben nicht!"

„Wenn du drin bist ..."

„Bin drin."

„Das brennt aber ... aua ... au ..."

„Deshalb! Das geht daneben! Du holst jedesmal Luft, wenn ich drin bin."

„Ja, dann bist du trotzdem drin. Zieh mal an. Auch wenn ich Luft hol' ...

Ist nicht böse gemeint. Aber ich weiß ja nicht, was du da machst ..."

„Halt doch mal deinen Mund und halt an ... Nee, du machst es dir jetzt selbst, Mädchen."

„Einen Versuch noch, guck mal ... Die mußt du zu fassen kriegen, das gibt's doch gar nicht!"

„Nein!"

„Gut, einmal noch, Olaf. Und wenn du drin bist, drück ab. Aber warum brennt das so, hast du soviel Asco genommen, oder woran liegt das? Hast du soviel Asco genommen?"

„Ich hab' nicht zuviel Asco genommen, ich hab' ..."

„Nimm eine Nadel von mir, da kommst du besser mit klar."

„Nein, komm' ich nicht."

„ ... die sind zu groß, die knallen die Vene durch, da hab' ich Muffen."

Olaf ist mit sich selbst beschäftigt. Er zieht seine Hose ein Stück hinunter und sticht die zweite Spritze waagerecht in das Muskelgewebe der Leiste. Brauchbare Venen findet er schon seit Jahren nicht mehr.

„Du hast immer ein Glück, Olaf! Zack! Und ich? Ich hab' immer Schwierigkeiten hier mit meinen Scheißvenen ..."

Sie stochert im rechten Handrücken.

Die Zahl der Heroinopfer geht nur scheinbar zurück: Tatsächlich stagniert sie im günstigsten Fall. Ein besonders harter Winter, der das Immunsystem zusätzlich schwächt, kann für viele unterernährte Drogenkranke der letzte Winter sein. Und der Stoff, der auf dem fiebrigen Markt angeboten wird, wechselt ständig seine Qualität und Konzentration: Eine einzige Überdosis durch Unkenntnis des Heroingehalts bedeutet ebenfalls das Ende. Die letzte und einzige Hoffnung der beiden ist die Aufnahme in ein Methadon-Programm, bei dem sie so geduldig vom Heroin entwöhnt werden, daß sie den Entzug ertragen können und bis zur Befreiung durchhalten. Doch es gibt zu wenig Therapieplätze, weil es an Geld und gesellschaftlicher Fürsorge für Drogenkranke mangelt. Solange sich das nicht ändert, bleiben die meisten Junkies ihrer Selbstbehandlung im Teufelskreis des Heroins überlassen. Auch Methadon ist ein Opiat, das eine tödliche Abhängigkeit nur durch eine weniger bedrohliche ersetzt. Und einzelne Konsumenten nehmen schwarz gehandeltes Methadon zusätzlich zur gewohnten Heroindosis. Doch unter ärztlicher Aufsicht mit psychosozialer Betreuung bietet ein Substitutionsprogramm die einzige Chance zur Rückkehr in schützende Normalität – und damit zur allmählichen Entwöhnung. Noch kennt man keinen besseren Weg, um die Heroinkranken herauszuholen aus dem Dunkel der Pusher-Szene, der Beschaffungskriminalität, der Prostitution, der Hepatitis-Infektionen, der Aids-Gefahr.

Barbara hat ihre Spritze abgeleckt und hält sie quer zwischen den Zähnen, während sie sich den rechten Arm abbindet: „Na fertig! Deiner ist schon weg!?"

Olaf: „Hm."

„Und ich kann wieder ... ich versuch' es bei mir noch mal selber ..."

„Hast du's noch mal gefiltert?"

„Ja, natürlich. Es ist einfach so eine Saukälte hier."

Olaf kann ihr Gestocher nicht mit ansehen. Er nimmt ihr die Spritze aus der Hand und versucht es unterhalb ihrer Armbeuge.

Barbara: „Aber da ist doch gar keine ..."

Olaf: „Laß mich doch mal versuchen ..."

Barbara: „Du hast sie angepiekt ...", und mit flüsternder Konzentration: „Du hast sie halb zu fassen ..."

„Halb, ja, aber halb ..."

„Jetzt ... versau das nicht immer ... vorsichtig, du bist schon wieder ... drinne ... du bist ... da ... so, jetzt bist du drin."

„Die platzt! Beim Abdrücken!"

„Die platzt nicht! Wenn du drinne bist. So, das ist jetzt Millimeterarbeit. Und jetzt drück langsam ab ..."

„Guck mal, was da passiert."

„Was denn?"

„Das wird ein Ei."

„Nein, drück noch mal, zieh noch mal an, ob du richtig drin bist. Geh rein, geh mal wieder rein ... so ... und mit Gefühl ... und wieder raus, ob Blut kommt. Jetzt gehst du wieder schräge, das warst du eben nicht ..."

„Bitte laß mich machen, ja?"

„Grade! Und das Blut muß voll laufen! Geh mal weg, ich weiß nicht, was du da machst ... auhh ..."

„Spatz, dann machst du's selber, bitte."

Barbara bindet den linken Arm ab, klapst auf die Stelle zwischen Handballen und Pulsadern, versucht, die Nadel in ein Gefäß zu schieben.

Olaf: „Ist die Pumpe überhaupt noch offen?"

„Na klar, was hast du denn gedacht ..."

Sie stochert in der Innenseite ihres Handgelenks und murmelt: „Die hatte ich doch letztens ... vor zwei Wochen ..."

Olaf: „Ja! Du bist drin!"

Barbara: „Endlich ... die dünnste Scheißvene, die krieg' ich immer."

„Du bist drin!"

„Jaaa! Die dünnsten Scheißteile! Voll drin! Das darf nicht wahr sein! Puuuhhh!"

Olaf sitzt angespannt neben ihr, blickt auf ihr Handgelenk, raucht. Langsam leert sich die Kammer der Injektionsnadel, färbt sich rötlich. Sie löst den Schlauch von ihrem Oberarm, legt die Spritze zur Seite, atmet tief durch, zündet sich eine Zigarette an. Sie lehnt sich zurück und raucht mit geschlossenen Augen.

12. DAS BROT DER MINEROS

„Die Sage erzählt, daß Manco Kápac, der göttliche Sohn der Sonne, in der Urzeit von den Felsen des Titicacasees herabgestiegen sei und das Licht seines Vaters den armseligen Einwohnern gebracht habe; daß er sie die Kenntnis der Götter, die Ausübung der nützlichen Künste lehrte und ihnen die Coca schenkte, diese göttliche Pflanze, welche den Hungrigen sättigt, den Schwachen stärkt, und sie ihr Mißgeschick vergessen macht."

Sigmund Freud, „Über Coca"

Die Heimat der Coca liegt tief unten im Abendschatten der Anden, in ihren östlichen Ausläufern unterhalb der Nebelwälder. Zu den ältesten Anbaugebieten gehören die bolivianischen Yungas, die am Osthang der Königskordillere in einer Höhe von 2500 Metern beginnen und sich mit ihren fruchtbaren Tälern bis zu den Llanos, den Ebenen des tropischen Tieflands, hinabsenken. Hier wurde der Coca-Strauch schon vor dreitausend Jahren kultiviert. Das Klima in der Coca-Zone zwischen 500 und 1500 Metern bleibt immer warm und feucht und ohne extreme Temperaturen – ideale Bedingungen für die Strauchpflanze Erythroxylon Coca aus der Familie der Erythroxylazeen.

Wie Cannabis in Marokko oder Wein in Deutschland wird auch die Coca auf terrassierten, windgeschützen Berghängen angebaut. Die Anla-

ge der Plantagen, für die oft durch Brandrodungen Platz geschaffen wird, und das Umpflanzen der einjährigen Setzlinge in das *cocal* ist die Arbeit der Männer. Im folgenden oder übernächsten Jahr kann zum erstenmal geerntet werden. Das Pflücken der dunkelgrünen Blätter schwächt die immer grünende Pflanze nicht, sondern regt sie zu neuem Wachstum an. Alle zehn bis fünfzehn Jahre wird die Kultur erneuert, da ältere Pflanzen langsam ihren Wirkstoff verlieren. Die Erntearbeit machen Männer und Frauen gemeinsam, und oft ist die ganze Familie beteiligt.

Coca-Ernte: Männer und Frauen pflücken gemeinsam.

Nach der Ernte übernehmen die Frauen allein die Arbeit und die Verantwortung für „Mama Coca". Denn jetzt geht es um Geld – und da trauen sie den Männern nicht. Die frischen Coca-Blätter, die schnell verderblichen *matu*, werden auf schiefergepflasterten Trockenplätzen in der Sonne ausgebreitet. Sie müssen durch ständiges Lockern und Wenden im Laufe eines einzigen Tages getrocknet werden; wenn es bei regnerischem Wetter länger dauert, bilden sich braune Flecken auf den

Coca-Pflanze

Blättern, das heuartige Aroma schmeckt bitter, und der Erlös halbiert sich.

Der Weg zum Wochenmarkt oder zur regionalen Sammelstelle ist viele Kilometer weit, aber die bis zu einem halben Zentner schwere Last läßt sich eine Coca-Frau erst am Ziel abnehmen. Kein einziges der in der ADEPCOCA abgelieferten Blätter geht in die Kokainherstellung. Sie wandern alle in den Mund und werden gekaut oder als Aufguß getrunken. Frauen und Mädchen in der ADEPCOCA sortieren die einzelnen Blätter nach Qualitätsklassen; die Männer schwingen im Nebenraum ein großes Netz, in dem die angelieferte Ernte auf und nieder wirbelt. Der wichtigste Abnehmer von bolivianischer Coca ist Argentinien, wo man die kleineren Blätter bevorzugt, die hier durch die Maschen fallen.

Ein großer Teil der Coca-Ernte aus den Yungas wird wie seit tausend Jahren bergaufwärts zu den Indiomärkten des Altiplano gebracht. Das Hochplateau zwischen den beiden bolivianischen Kordilleren war einst die Wiege der andinen Kultur; heute ist es die ärmste Region des Landes, in der auf erodierten Böden in einer Durchschnittshöhe von 3 800 Metern nur noch Schafe, Ziegen und die anspruchslosen Kameloide Lama und Alpaca Weideland finden. Die Menschen, die hier überleben können, sind Aymaras und Quetschuas, Nachkommen der zerstörten Hochkulturen, in denen Coca, das Geschenk der Götter, zum religiösen und wirtschaftlichen Zentrum gehörte. Aus der Aymara-Sprache, die wie das Quetschua noch immer gesprochen wird, stammt auch das Wort *kkoka*, das einfach „Baum" bedeutet. Die Coca-Pflanze wird hier noch immer

verehrt als die Mutter des Überflusses, als Tochter des Gottes Uchumachi oder als Seele des höchsten Berges, der das Aymara-Land bewacht. Ein Leben ohne Coca ist für die meisten Hochlandbewohner undenkbar – sie würden krank werden.

Coca-Frauen tragen die Last der Verantwortung.

In der Einöde des südlichen Altiplano liegt ein vergessener Ort, dessen Name einst auch in Europa einen legendären Klang hatte. Potosí galt im 17. Jahrhundert als reichste Stadt der Welt und war größer als Madrid, Paris oder Rom. Aus dem pyramidenförmigen *Cerro rico*, dem „Reichen Berg", dem sie zu Füßen liegt, quollen zwischen 1550 und 1650 Ströme von Silber – die Hälfte der gesamten Silberproduktion jener Zeit. Die spanischen Kolonialherren wurden so reich, daß sie an christlichen Festtagen Potosís Hauptstraße mit Silber pflasterten.

Noch immer liegt der größte Coca-Markt der Stadt auf halbem Weg zum Silberberg. Denn mit Coca wurden die indianischen Arbeitssklaven

Lese der Coca-Blätter in der regionalen ADEP-COCA: Keines der hier abgelieferten Blätter geht in die Kokainherstellung.

entlohnt, die zum Bau der Schächte und Stollen, der Kanäle und Dämme für die Gesteinsmühlen und zum Schürfen der silberhaltigen Erzbrocken gezwungen wurden. Nur mit Coca ließen sich die Qualen ertragen. Coca-Blätter wurden zur Währung, und selbst die Kirche, die anfangs den Coca-Gebrauch der Landeskinder inquisitorisch verfolgt hatte, verdiente mit, in dem sie sich ein Zehntel der jährlichen Coca-Ernte auszahlen ließ.

Noch immer lassen sich die Mineros jeden Morgen auf diesem Markt ihre Plastiktüten füllen: Die traditionelle Chuspa, die über die Schulter gehängte Tasche für die Coca-Blätter, ist selten geworden. Die lizensierten Coca-Stände – fest in weiblicher Hand – werden innerhalb der Familie weitergegeben, denn ihre Besitzer gehören zu den wenigen Bewohnern der Stadt, die sich keine Sorgen um ihren Lebensunterhalt machen müssen. Die Jüngsten unter den Coca-Verkäuferinnen werden noch in vierzig Jahren hier stehen. Wenn sie einen Minero heiraten, werden sie irgendwann die schwarze Witwenkleidung tragen. Viele Frauen von Bergarbeitern mußten zwei, manche schon drei Ehemänner begraben, die an der Staublunge gestorben oder durch Unfälle im Berg ums Leben gekommen waren.

Im *Cerro rico* ist schon lange kein Gramm Silber mehr zu finden. Doch noch immer durchwühlen Tausende von Mineros, die sich zu freien Kooperativen zusammengeschlossen haben, den kranken Berg, um die letzten Restspuren von Zinn aus seinem Gestein zu kratzen. In der Mine „Santa Rita" dauert die morgendliche Brotzeit von acht bis neun Uhr. Das Brot ist die Coca. Ihr Nährwert in Kalorien und ihr Anteil an Proteinen, Kohlehydraten, Eisen, Calcium und Vitaminen ist höher als bei jedem anderen Nahrungsmittel des Landes. Um ihre Wirkstoffe aufzuschließen, muß der Coquero (Coca-Kauer) ein wenig *lejía* mitkauen. *Lejía* ist eine alkalische Substanz, zumeist die mit Kalk vermischte Asche bestimmter Pflanzen, die mit Wasser zu einem Teig gerührt und in der Sonne getrocknet wird. Man bricht ein kleines Stück davon ab, wickelt es fest in zwei oder drei Blätter, damit die Mundschleimhaut nicht verbrennt, und schiebt es in eine Backentasche. Speichel und Magensäfte wandeln in den Blättern enthaltenes Kokain in das Alkaloid Ecgonin um, dessen toxische Eigenschaften um

Coca-kauender Minero

ein Vielfaches geringer sind und dessen positive Wirkungen noch nicht erforscht wurden: Keiner dieser Männer wird an den Folgen des Coca-Kauens sterben. Keiner möchte ohne Coca leben.

Dann gehen sie in die Finsternis des tausendfach unterminierten Berges, dessen zerlöchertes Skelett jederzeit zusammenbrechen kann, beschützt allein von den alten Göttern und ihrer Coca, die sie noch immer im Mund halten.

Ceja del Alto ist eine Stadt der Armen. Wenn man sehr arm ist, liegt alle Hoffnung in der Zukunft. In den numerierten Hütten, die in 4000 Metern Höhe auf das Hochplateau von La Paz hinabblicken, wohnen die *yatiri*, die Wahrsager. Aus dem Fall der Coca-Blätter können sie die Zukunft lesen.

In der Hütte Nr. 12 ist es dunkel, das einzige Licht dringt als kalte Bläue durch eine kleine Öffnung auf der Hangseite. Ein Tisch mit purpurfarbener Decke, ein Stuhl, eine Bank im Hintergrund.

„Wie ist dein Name?"

„Contrina, Mabél."

Mabél Contrina ist achtzehn und wird von ihrer Mutter begleitet, die mit gewichtiger Fülle in der dunklen Ecke Platz genommen hat. Ihren Borsalino-Bowler, die importierte Kopfbedeckung bolivianischer Indio-Frauen, legt sie auch hier nicht ab. Der *yatiri* ist nicht billig, und jetzt will sie alles erfahren, was ihre Tochter betrifft. Aufgeregt schiebt sie sich Coca-Blätter in den Mund, die dunklen Augen im fülligen Gesicht laufen wie auf Kugellagern von rechts nach links, beobachten Tochter und Wahrsager. Der *yatiri*, ein schlanker Mann im Straßenanzug, hat sich über den Tisch gebeugt und läßt aus seiner hocherhobenen Hand grüne Coca-Blätter auf die rote Decke rieseln. An einer Halskette baumelt ein silbernes Kruzifix vor seiner Brust: Immer wieder streicht er die Blätter zusammen, läßt sie erneut fallen oder legt sie einzeln wie Patience-Karten. Seine ruhige Aufmerksamkeit wechselt zu lächelnder Anteilnahme, wird wieder distanziert.

„Señorita, todo va irte bien – alles wird gut laufen. Todo normales. Dies ist dein Studium, dies deine Arbeit. Immer vorwärts und rückwärts. Hier hinten gibt es eine Schwingung, du findest eine gute Familie, einen guten Partner, einen Ehemann. Cómo te va irte bien, de tu futuro hogar – wie gut es dir gehen wird in deinem neuen Zuhause!"

Mabéls hübsches Gesicht entspannt sich ein wenig, aber ihre Aufregung kann sie nicht unterdrücken. Jeden Satz des *yatiri* quittiert sie mit einem schüchternen Nicken.

„Wenn die Blätter nach oben zeigen, laufen deine Projekte gut. Andererseits – si bajas abajo, todo va estar mal. Auf dieser Seite ist deine Familie. Auf der anderen Seite wirst du einige Probleme haben. Irgendein Dokument, ein Geschäftsvorgang oder eine Anmeldung, muß noch abgeholt werden. Hier ist noch ein bißchen – mal ist es gut, mal schlecht."

Die Zukunft ist ungewiß.

13.
WACKY
DUST

Rainer Werner Fassbinder am Telefon:

„Hast du was da? Okay. Laß sie vorbeischicken, drei oder so. Mit Taxi, ja? Okay. Dankeschön."

Freund: „Ich hab' gemeint, du nimmst nichts mehr?!"

Fassbinder: „Das hab' ich auch gemeint ..." (Pause) „Aber ich bin depressiv, ich weiß nicht mehr weiter, ich kann nicht mehr arbeiten. Und bei Sigi kannst du lernen, daß es hilft."

Schnee von gestern: Die Originalton-Sequenz stammt aus dem Film *Deutschland im Herbst* und zeigt das ungeschönte Selbstporträt eines depressiven Regisseurs. Fassbinder starb vier Jahre später im Dauerstreß rastloser Produktivität an den Folgen von Kokain- und Barbituratmißbrauch – seinen toxischen Arbeits- und Schlafhilfen.

Die Kunde aus dem Herbst '78 von dem Wundermittel Kokain ist inzwischen bei der Schickeria der kleinen Leute angekommen. Denn auch dort hat man's nicht leicht in diesen Zeiten. Die Nase Koks gehört inzwischen zum Karriere- und Freizeitstreß neudeutscher Besserverdiener. Kokain zerstört mit Geschwüren die Nasenschleimhaut, führt zu Leberschäden, kann Hirnblutungen, Atem- und Herzstillstand auslösen – von dem hohen Suchtpotential mit schweren psychischen Langzeitfolgen ganz abgesehen. Aber es lohnt sich eben: Die Droge paßt zum teuren Image, zum Lifestyle und zur Art déco.

Die belebende Wirkung von Kokain. Zeichnung von Karl Arnold, die 1922 im „Simplicissimus" erschien

Fassbinders letztes Projekt, das er nicht mehr realisieren konnte, galt der Verfilmung von Pitigrillis Roman *Kokain*, einem der vielen Titel, die in den zwanziger Jahren zu diesem Thema erschienen. Denn Kokain war das

Brausepulver der „Roaring Twenties", und Paris und Berlin waren die tosenden Metropolen. Mit Kokain, Koks, Schnee inspirierten sich Künstler und Intellektuelle und redeten „Kokolores"; mit Kokain stürzten sich Bohème, Demimonde und Hautevolée in ein hysterisches Nachtleben. Vamp und Großfürstin versteckten es in den Strumpfbändern, ihre Lieferanten zauberten es aus dem Hutband. Die Neurotiker aller Klassen koksten, spritzten, schnupften und snieften, denn mit Kokain konnte sich ihr zerknittertes Selbstbewußtsein wieder aufplustern.

Nachdem sich die Deutschen mehr oder weniger freiwillig in den Käfig für Herrenmenschen sperren ließen, war Ruhe im Lande. Kokain reservierten sich einzelne Nazi-Größen für nostalgische Aggressionsräusche – wie Hermann Göring, der als Weltkrieg-I-Pilot die Droge zum Mutmachen in Empfang genommen hatte. Auch in Paris ging man zur Tagesordnung über, und nur im amerikanischen Show-Bizz – unter Filmschauspielern und Musikern – wurden mit Kokain noch Emotionen bewegt.

Ein Kokser snieft eine "line" durch einen zusammengerollten Geldschein.

„They call it Wacky Dust", sang Ella Fitzgerald 1938, „it's from a hot cornet, it gives feet a feeling so breezy and oh, it's so easy to get ..." – der einzige Kokain-Hit, der noch ein wenig von der Lebensfreude des Marijuana-Jazz ausstrahlte: Die vielen meist autobiographisch gefärbten Kokain-Texte späterer Rock-, Beat- und Popsongs sind fast ausnahmslos eine Anklage gegen die Droge – bis hin zu den Liedern deutscher Rhapsoden aus den letzten Jahren, deren konstante Larmoyanz nur noch auf den Wecker geht.

Kokain ist wie Heroin eine Erfindung des vorigen Jahrhunderts. Erst um 1850 hatten unverdorbene Schiffsladungen mit wirkstoffhaltigen Coca-Blättern die europäischen Häfen erreicht. Der korsische Pharmazeut Angelo Mariani machte daraus einen Coca-Extrakt, mischte ihn in Rotwein aus Bordeaux und begründete so einen neuen Zweig der Patentmedizin. Sein „Vin Mariani à la Coca du Perou" galt als letzter Schrei unter Opernsängern und Schauspielern und als Schönheitsmittel der internationalen Prominenz bis hinauf zu Seiner Heiligkeit Papst Leo XIII.

Ohne Alkohol, aber mit Koffein aus der Kolanuß verkaufte der Apotheker John Stith Pemberton aus Georgia seinen Coca-Sirup. Die große Zeit der Limonade begann jedoch erst, als Coca-Cola 1903 das „Brain Tonic" entkokainisiert hatte.

Im September 1859 war die österreichische Fregatte Novara von einer zweijährigen Weltumseglung zurückgekehrt, an Bord eine Kiste mit sechzig Pfund Coca-Blättern für den berühmten Chemiker Friedrich Wöhler in Göttingen. Seinem 25jährigen Doktoranden Albert Niemann gelang es schon kurz darauf, aus diesen Blättern ein weißes, geruchloses Kristall zu isolieren, das „leicht bitterlich schmeckt, die Absonderung des Speichels befördert und auf der Zunge anfangs eine eigenthümliche Betäubung, danach ein Kältegefühl hinterläßt". Diesen Hauptwirkstoff der Pflanze nannte er „Cocain". Niemann starb kurz nach der Fertigstellung der Dissertation an den Folgen seiner vorangegangenen Versuche mit Chlorschwefel (Dichlordiäthylsulfid ist der Kampfstoff, der im Ersten Weltkrieg „Senfgas" hieß und heute als „Gelbkreuzgas", „Yperit" oder „Lost" in den Arsenalen der C-Waffen lagert).

Niemanns Studienkollege Lossen führte die Analyse zum vorläufigen Abschluß und entdeckte bereits 1862 ein weiteres Alkaloid in den Coca-Blättern, dem Friedrich Wöhler den Namen „Ecgonium" (nach dem griechischen Wort für „Sprößling") gab. Neueste Forschungen vermuten in diesem Ecgonin – und nicht im Kokain – den Wirkstoff, der die indianischen Coca-Kauer zu Dauerleistungen befähigt, ohne sie ernsthaft zu schädigen.

Doch niemand interessierte sich dafür. Statt dessen pries man das Kokain: Es wurde erfolgreich mit Zerstäubern zur Lokalanästhesie bei Operationen am Auge und im Hals-Nasen-Ohrenbereich eingesetzt und galt als Wundermittel gegen Depressionen aller Art – und gegen die Folgen sitzender Lebensweise.

„Allein die Versuche, welche in letzter Zeit mit dem von MERCK in Darmstadt bereiteten Cocain angestellt wurden, berechtigen zur Behauptung, daß das Cocain der eigentliche Träger der Cocawirkung ist, welche in Europa ebensogut wie in Südamerika hervorgerufen und diätisch und therapeutisch verwertet werden kann", schrieb Sigmund Freud (Fassbinders „Sigi") 1884 in seiner Studie „Über Coca". Freud, damals Secundararzt am Allgemeinen Krankenhaus in Wien, setzte große Hoffnungen auf das Kokain als Katalysator seiner wissenschaftlichen Karriere: Er verschrieb es einem suchtkranken Freund als Entzugshilfe und nahm es selbst als Muntermacher. Seine Beschreibung der Kokainwirkung besticht, trotz des propagandistischen Untertons, durch die brillante Selbstanalyse:

*Sigmund Freud,
1891*

„Wenige Minuten nach der Einnahme stellt sich eine plötzliche Aufheiterung und ein Gefühl von Leichtigkeit her … Es fehlt gänzlich das Alterationsgefühl, das die Aufheiterung durch Alkohol begleitet … Man fühlt eine Zunahme der Selbstbeherrschung, man fühlt sich lebenskräftiger und arbeitsfähiger … Es macht den Eindruck, als ob die Cocastimmung bei solchen Dosen hervorgebracht würde nicht so sehr durch direkte Erregung als durch den Wegfall deprimierender Elemente des Gemeingefühls. Es wird uns vielleicht gestattet sein anzunehmen, daß auch die Euphorie der Gesundheit nichts anderes ist als die normale Stimmung der gut genährten Hirnrinde, die von den Organen ihres Körpers ‚nichts weiß‘ … Ich habe diese gegen Hunger, Schlaf und Ermüdung schützende und zur geistigen Arbeit stählende Wirkung der Coca etwa ein dutzendmal an mir selbst erprobt: zur physischen Arbeitsleistung hatte ich keine Gelegenheit." („Über Coca")

Freud distanzierte sich später unter dem Druck kritischer Publikationen, vor allem aber wegen des Schicksals seines Versuchsobjekts Ernst v. Fleischl von seinen gefährlichen Illusionen. Den morphinabhängigen Freund hatte er mit Kokain entwöhnen wollen und ihn durch diese Therapie unter die Erde gebracht. Doch das neue Suchtmittel begann sich in der Welt breitzumachen. Die innovative Firma MERCK aus Darmstadt hatte schon Morphium als profitbringende Apothekerware vermarktet und wiederholte mit Kokain ihren Erfolg. Den rausch- und euphoriegierigen Europäern war es einmal mehr gelungen, das freundliche Geschenk einer fernen Natur in ein pathogenes Chemieprodukt zu verwandeln.

Tag und Nacht vollzieht sich in den zahllosen Dschungellabors Südamerikas ein Transsubstantiationszauber, der die grünen Blätter des

Coca-Strauchs in die weißen Kristalle des „Andenschnees" verwandelt. Nackte Füße zerstampfen die Blätter in einer Lösung von Wasser und Schwefelsäure: Die mit Unmengen von Kerosin aufgefüllte stinkende Brühe zerfrißt die ungeschützte Haut der Arbeiter, an deren Beinen sich nach kurzer Zeit Geschwüre bilden. Nach Zusatz von Natriumkarbonat zeigt sich in weißlichen Flocken das

Fällprodukt Kokain-Sulfat, das die Pichicateros durch Tücher abseihen und ausfiltern. Aus hundert Kilogramm Blättern gewinnen sie ein knappes Kilogramm PBC, die *Pasta bruta di coca*. Für diesen Extraktionsprozeß werden pro Tonne Koka-Paste zwanzig Tonnen gruseliger Chemikalien verbraucht, die großenteils von amerikanischen oder deutschen Konzernen stammen und aus bunten Plastikeimern in den Trog mit der zersetzten Blättermasse gegossen werden.

Aus Kokain werden unter Zusatz von Wasser und Backpulver-ähnlichen Mitteln die „Crack-Rocks" hergestellt.

Mit weiteren chemischen Zusätzen wie Äther und Azeton wird die Koka-Paste zu Kokainbase veredelt und schließlich in Speziallabors mit Salzsäure zu Kokainhydrochlorid – dem reinen Kokain – raffiniert.

Kokain kann jeder Straßendealer in seiner Küche mit Backpulverähnlichen Mitteln und etwas Wasser zu „Crack" oder „Rocks" strecken. „Crack" ist das Comic-Wort für einen krachenden Treffer, das den sekundenschnellen Einschlag der Wirkung im Gehirn ausdrückt. Denn Crack wird geraucht, macht für fünf Minuten high und hinterläßt gleich darauf eine emotionale Leere, die nur mit dem nächsten Crack-Röhrchen für zehn Dollar gefüllt werden kann. Keine andere Droge führt so direkt in totale Abhängigkeit, keine macht so schnell kaputt. Bei einem Rattenversuch wurden die Tiere fast ohne Gewöhnung süchtig und ignorierten Nahrung und Wasser, bis sie in kürzester Zeit verreckten.

Die amerikanische Regierung führt seit Mitte der achtziger Jahre einen verzweifelten Kampf gegen Kokain und die ehemalige Slumdroge Crack, die inzwischen alle Bevölkerungsgruppen erfaßt hat. Nichts scheint das Rattengift noch aufzuhalten, wenn es nicht gelingt, das Übel an der Wurzel zu packen.

Zum Beispiel mit Hilfe paramilitärischer Anti-Drogentruppen wie der „Leopardos" in Bolivien, die von den USA initiiert und finanziert und von amerikanischen Spezialisten ausgebildet wur-

„Crack-War" ist zum Synonym für die Anti-Drogen-Politik der USA geworden.

den. Wenn eine Einheit von „Leopardos" ein Kokainlabor im Dschungel von Cochabamba entdeckt und eingekreist hat, nimmt sie das gesamte Personal in Haft, zerstört die Laboreinrichtung und zündet ein großes Feuer an. Doch die erbeutete Kokainbase wird in die Jeeps eskamotiert und später wieder in den Kreislauf der Syndikate geschleust, und aus dem Heer arbeitsloser Campesinos rekrutieren die Kokainproduzenten mühelos Ersatz für die abtransportierten Hilfskräfte.

Einzelaktionen können das mit Korruption geknüpfte Netz von Kokainküchen und Transportlogistik, das die Syndikate über das Land geworfen haben, nicht mehr zerreißen. In Kolumbien und Bolivien beginnt die Bevölkerung, sich gegen den Druck der US-Regierung zu solidarisieren, die am liebsten gleich sämtliche Coca-Felder vernichten würde. Hunderttausende von Bauern und Landarbeitern fürchten um ihre Existenz im legalen Coca-Geschäft, und die Mehrheit der Einheimischen begreift nicht, warum sie auf Coca-Blätter verzichten soll, damit die Metropolen der Industriegesellschaft ihr Drogenproblem in den Griff bekommen.

Denn dort, sagen sie, ist die Krankheit zu Hause, die ihr bei uns bekämpfen wollt.

14. DESIGNED BY DEATH

In den Diskotheken und Techno-Bunkern westlicher Großstädte entlädt sich ein virtuelles Gewitter mit stroboskopischen Blitzen, elektronischen Donnerschlägen und tausend kleinen Brandstellen, aus denen nikotinhaltiger Rauch kräuselt: eine Klimazone der dritten Art. Um beim Abtanzen ihrer Ritualtrommeln bis zum Morgengrauen nicht schlapp zu machen, pushen sich jugendliche Raver und Pistengänger zusätzlich mit „Speed". Die Formel „Streß gleich Entspannung" läßt immer mehr Techno-Kids zu Aufputschmitteln greifen – Doping gehört zum „Kick-and-Rush" eines Lebensgefühls, das den beruflichen oder schulischen Leistungsdruck in die Freizeit verlängert. Passend zum computerdesignten Sound werden labordesignte Drogen eingeworfen.

Designer-Drogen sind nicht etwa besonders exklusive Kollektionen von Einzelstücken, sondern im Gegenteil prêt-à-porter (à la tête) – Billigware, die sofort zu Kopf steigt und bald süchtig macht. Ihren Namen verdanken sie der Art der Konfektionierung: Sie werden von Chemikalien-Panschern und kriminellen Pharmakologen als Kombinationen, Derivate und Abwandlungen bekannter und zumeist legaler Substanzen durch geringe Veränderungen der molekularen Struktur synthetisch hergestellt (gezielt „entworfen"), um die Bestimmungen der Betäubungsmittelgesetze zu umgehen. Bis der Gesetzgeber auf die unbekannte Droge mit rechtskräftigem Verbot reagieren kann, ist der Designer – wie der Igel im Wettlauf gegen den Hasen – schon mit neuen Stoffen auf dem Markt.

Der Hase hätte das Rennen gewonnen, wäre er langsam neben dem Igel hergeschlendert und erst in Sichtweite des Ziels losgesprintet. Wollte der Staat das Problem nach dem gleichen Muster lösen, müßte er die Liste illegaler Drogen von ihrer Wirkung her und nicht nach ihren Ausgangsstoffen definieren und nur die zugelassenen Ausnahmen chemisch benennen. Aber wie soll man aus individuellen Reaktionen auf einen toxischen Stoff eine objektive Wirkung und daraus eine Rechts-

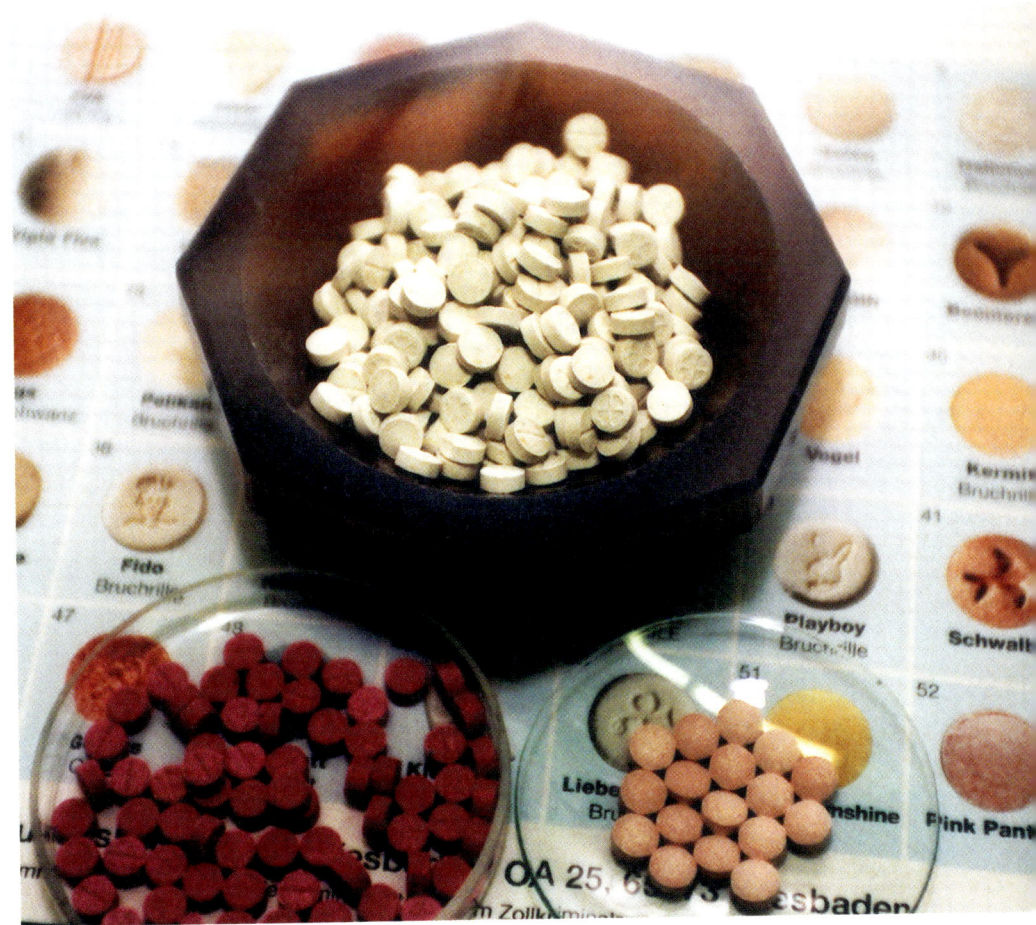

norm ableiten? Viele verschreibungspflichtige Medikamente und Psy-
chopharmaka können als Schlaf-, Beruhigungs- und Stimulierungs-
mittel bei verantwortungsloser Dosierung ebenfalls in die Sucht führen;
sie sind gewissermaßen die legalen Schwestern der Designer-Drogen,
und die Grenzlinie ist im Wirkungsspektrum allein nur schwer zu ziehen.

Die bekannteste und seit einem Jahrzehnt populärste Designer-Dro-
ge ist Ecstasy, von Usern „XTC" oder schlicht „E" gekürzt. Unter dem
Sammelnamen der sogenannten Partydroge verbergen sich – neben
jeder Art von Verunreinigung – die psychoaktiven Substanzen Ephedrin
und Amphetamin oder dessen Abwandlungen MDA und MDMA – zwei
synthetisch nachgebaute (animierte) Verbindungen, die im Safrol bzw.

*Ecstasy-Pillen wer-
den unter vielen
Namen gehandelt:
Adam, Herzpfeil,
Boomerang, Popey,
Dino, Smiley, Pigs,
Love, VW, Käfer
u.a.m.*

Myristicin der Muskatnuß vorkommen und schon in der ayuverdischen Medizin des alten Indien genutzt wurden.

Allen Inhaltsstoffen gemein ist ihre adrenalinähnliche Wirkung auf das Gehirn, das mit stimulierenden Botenstoffen überflutet wird und dadurch das falsche Signal einer unermüdlichen Kondition erhält. Die jeder toxisch erzeugten Euphorie folgende Depression kompensieren Dauer-User von Ecstasy mit weiteren Drogen. Zusammenbrüche durch Austrocknen oder Kreislaufkollaps treffen immer „die anderen"; die schweren neurologischen Langzeitschäden werden ignoriert, denn sie lauern in scheinbar ferner Zukunft.

Ecstasy hat viele Vorgänger, die unter dem Begriff „Speed" seit den frühen fünfziger Jahren bis heute schwarz gehandelt werden. Entwickelt wurden die Amphetamin- und Methamphetamin-Präparate in der Hoffnung, sie als Imitation des körpereigenen Adrenalins gegen bestimmte Erkrankungen gezielt einsetzen zu können. Entsprechend wurden „Weckamine" („Amine zum Wecken" aus Phenylisopropylmethylamin) als Appetitzügler, zur Leistungssteigerung bei Ermüdung und als Mittel gegen krankhafte Schlafsucht (z. B. bei der *Enzephalitis lethargica*) in den Apotheken angeboten; unter den Handelsnamen Benzedrin, Preludin, Pervitin, Captagon u. a. gerieten sie als Ersatzdrogen für Kokain und Heroin fast sofort in die Rauschgiftszene. „Benzies" nahmen die Beatnicks schon in den Fünfzigern, um high zu werden; Preludin und Captagon waren zehn Jahre später bei Streß-Beruflern wie Managern und Prostituierten besonders gefragt (bis auch dort das Kokain wieder in Mode kam).

Ebenfalls schon Mitte der fünfziger Jahre brachte eine amerikanische Pharma-Firma das neue Schmerzmittel Phencyclidin (PCP) auf den verschreibungspflichtigen Markt, das schnell als „Angel Dust" von der Junkie-Szene entdeckt wurde. Wegen seiner psychotomimetischen Nebenwirkungen zog der Hersteller sein Medikament zehn Jahre später zurück und überließ es Tierärzten als Ablenkungsmittel für Schlachtvieh. Im Gegensatz zu LSD oder Meskalin haben die halluzinogenen PCP-Trips

kaum angenehme Seiten; sie sind vielmehr so quälend, daß sich nur ganz harte Masochisten der Wirkung freiwillig aussetzen. Tatsächlich sollen Hunderte von Selbstmorden und mehrere Totschlagsdelikte in PCP-Psychosen begangen worden sein.

Diskotheken und Techno-Bunker gehören zu den Hauptumschlagplätzen der Designer-Drogen.

Die Drogen-Designer haben sich natürlich auch der Opioide angenommen. Vor allem die zahlreichen Derivate und Abwandlungen des medizinisch so segensreichen Fentanyl werden für den Drogenmarkt mißbraucht; sie gelten wegen ihrer Potenz (bis zum Mehrtausendfachen des Morphiums) als extrem gefährlich: Viele Tote unter den Heroin-Junkies sind in Wahrheit Opfer solcher Drogen.

Bekanntermaßen gibt es nichts, was es nicht gibt. Fixer haben sämtliche Kombinationen von Rauschgiften ausprobiert, darunter den „Speedball" – die Mischung von Heroin und Kokain für Selbstmordkandidaten. Eine andere Abkürzung auf dem Weg zum Friedhof führt

durch die „polnische Suppe": Das „Polsky Kompott" wird aus aufge-
kochten Blaumohnkapseln hergestellt und ergibt eine extrem verunrei-
nigte braune Brühe mit Heroin- und Morphinanteilen, die mit 4,- DM
pro Schuß fünfmal billiger, wegen der Verschmutzung und der nicht
berechenbaren Wirkung auch fünfmal gefährlicher ist als reines Heroin.
Selbst eine Art „Kinderdroge" gibt es. Kids zwischen zehn und fünfzehn
schnüffeln („sniffen") immer häufiger diverse Lösungsmittel und Kleb-
stoffe, deren Dämpfe zu Leber- und Nieren-, Hirn- und Nervenschädi-
gungen führen; allein die Inhaliermethode mit über den Kopf gezogener
Plastiktüte ist lebensgefährlich. Die meisten dieser Rauschmittel sind
seit vierzig, fünfzig Jahren bekannt, kommen in Mode und tauchen wieder unter, weil andere perverse Drogen und Konsumtechniken den
Markt und die Szene erreichen.

Dieses Kapitel ist so trostlos, daß wir es lieber schnell abschließen wollen.

15. DAS GRASS DER BLUMENKINDER

Zwei Dekaden unseres bleiernen Jahrhunderts hat die Erinnerung einen goldenen Schimmer verliehen: den „Roaring Twenties" und den „Wilden Sechzigern". Beide Jahrzehnte vibrierten in hoffnungsvoller Aufbruchstimmung; beide standen im Zeichen genialer Musiker, die mit Jazz und Swing, mit Rock und Beat den Lebensrhythmus der jeweils jungen Generation hörbar machten. Und beide Jahrzehnte hatten ihre Modedroge: die Zwanziger snieften Kokain, die Sechziger rauchten Marijuana. Doch so fundamental, wie sich die zwei goldenen Schonfristen in ihrer sozialen Realität und ihren politischen Folgen unterschieden, so gegensätzlich waren auch die jeweils bevorzugten Rauschmittel – und die dazugehörenden Motivationen.

Die Jahre zwischen 1964 und 1970, als „Wilde Sechziger" oder (mit bemerkenswerter Chrono-logik) als „die Zeit der 68er" in die Geschichte apostrophiert, waren geprägt von antiautoritärem Zeitgeist. Eine jugendliche Internationale rebellierte gegen die Wohlstandsmaschinerie des Establishments mit einem neuen Freiheitspathos, das vor allem Selbstverwirklichung meinte und gegen jede Art von Fremdbestimmung zu Felde zog.

Eigentlich waren es zwei gegensätzliche Strömungen, die beide an der San Francisco Bay in Kalifornien entstanden und sich von dort in die Welt ausbreiteten. Auf der einen Seite diskutierten und demonstrierten die theoriegläubigen Marx- und Marcuse-Studenten aus Berkeley, die in Berlin und Frankfurt das stärkste Echo fanden: In Deutschland ging mit der Adenauer-Ära die Phase des Wiederaufbaus, der Restauration und des Verdrängens zu Ende, und unter dem Skandieren revolutionärer Parolen („Macht kaputt, was euch kaputt macht!") sollte etwas ganz Neues beginnen.

Auf der anderen Seite klapperten die Sandalen der phantasiebegabten Hippies und Blumenkinder, die zuerst im Haight-Ashbury District von San Francisco mit ihren *love-in's* auffällig wurden. Sie hatten wirklich Neues zu bieten: Fernweh als Lebensprogramm, einen eher unpolitischen Pazifismus gegenseitiger Umarmung und die dazugehörige „freie Liebe": Make Love, Not War. Als der kalte Krieg in Indochina napalmheiß wurde, trafen sich beide Bewegungen unter den Postern von Ho Chi Minh und Che Guevara im gemeinsamen Zorn auf den Machtmißbrauch der Globalstrategen im Pentagon.

Die Denkanstöße für gesellschaftliche Veränderungen kamen schließlich weniger von der studentischen Linken als aus den chaotischen Reihen der Hippies, Provos und Kommunarden, die mit ihrer Forderung nach repressionsfreien Spielräumen den Horizont ein wenig in ihre Richtung drehen konnten. Ein wenig – denn am Ende des Jahrhunderts ist nichts Gutes in Sicht; der Wert dieser Welt scheint sich heute an der Summe aller shareholder-values zu messen, die eine kleine radikale Minderheit zwischen den Zähnen hält.

Der amerikanische Schriftsteller Allen Ginsberg gehörte 1965 zu den Teilnehmern einer der ersten Demonstrationen, bei denen die Legalisierung von Marijuana gefordert wurde.

„Hippie" geht zurück auf das Slangwort „hip", das alles mögliche zwischen cool, voll drauf, far out oder unangepaßt bedeuten konnte. Mit „Hipsters" bezeichnete man in den USA der fünfziger Jahre eine Gruppe von programmatischen Außenseitern und verwilderten Anarchisten, die sich jeder sozialen Anpassung betont cool verweigerten. Allen Ginsberg, William Burroughs und Jack Kerouac schrieben die Kultbücher dieser sogenannten Beat Generation, mit denen sie ihr Leben als Underdogs, ihre bindungslose Sexualität und ihren wahllosen Drogenkonsum in Literatur verwandelten.

Auf der Suche nach einem Lebensgefühl, das nur noch jenseits aller bürgerlichen Konventionen intensiv und wahrhaftig sein konnte, waren die Beat-Poeten selbst der Spur eines genialen Jugendlichen gefolgt. Ein Menschenalter früher hatte der siebzehnjährige Arthur Rimbaud eine ähnlich rauschsüchtige Existenz als Kurzfassung vorgelebt und zu revolutionärer Lyrik zwischen Ekstase und Verzweiflung verdichtet: seinen Aufbruch als „trunkenes Schiff", seine „Höllenfahrt", seine Rückkehr in eine „runzelige Wirklichkeit".

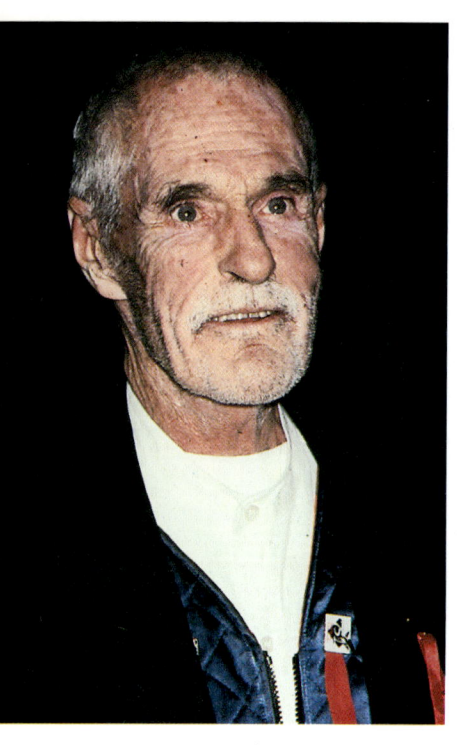

Der Psychologie-Dozent Timothy Leary schuf eine Theorie zur psychedelischen Bewußtseinserweiterung.

Hundert Jahre nach Rimbaud wurden Rauschmittel zur Jugendmode. „Das Ungeheuer rationaler Bewußtheit", wie Allen Ginsberg es nannte, mußte ruhiggestellt werden, koste es, was es wolle. Auch die Massenidole der Popmusik gingen auf den Trip und filterten aus eigenen Drogenerfahrungen und fernöstlich inspirierter Meditationsmystik eine Botschaft, die Jim Morrison von den DOORS formulierte: Break On Through To The Other World! Schon 1967, zwei Jahre vor Woodstock, wurde das „Magic-Mountains-Festival" der Hippies in den Bergen nördlich von San Francisco zu einem wunderbar bedröhnten Höhepunkt der "Wilden Sechziger". Selbst die GI's im zerbombten Vietnam hörten die Signale und kifften aus den Gewehrläufen, um ihre Alpträume zu vergessen.

Eine Zeitlang war „Acid", die halluzinogene Droge Lysergsäure-Diäthylamid, in aller Munde. LSD konnte einen Wirbel von faszinierenden Mustern und glühenden Farben auf die Netzhaut zaubern, aber auch unerträgliche Horrorvisionen hervorrufen. Der Harvard-Dozent für Psychologie Timothy Leary („Turn on, tune in, drop out") ernannte sich zum Apostel einer Gemeinde von LSD-Gläubigen und wurde auch ihr erster Märtyrer, als man ihn 1966 und noch einmal 1970 zu jahrzehntelanger Haft verurteilte (von denen er nur wenige Jahre absitzen mußte). Leary hielt an seiner Theorie zur psychedelischen Bewußtseinsbefreiung fest und produzierte noch kurz vor seinem Tod mit dem Team „Retinalogic" einen abendfüllenden Videofilm im Stil eines LSD-Trips als Quintessenz seiner Philosophie: „How To Operate Your Brain".

Doch LSD und Meskalin wurden ebenso wie der hochtoxische „Angel Dust" oder die damals gängigen Weckamine Benzedrin und Preludin durch ein uraltes Rauschmittel an den drogenstatistischen Rand gedrängt. Denn als die Flower-power der Hippies und Blumenkinder aufblühte und sich von den USA nach Europa aussäte, war in der bunten Mischung auch ein unscheinbares Kraut, das sich lange in den Gettos der unterdrückten Rassen Nordamerikas verborgen hatte. Jetzt wurde es auch in der alten Welt als Treibstoff der Phantasie wiederentdeckt. Fast jeder, der sich zur Jugend rechnete, zog irgendwann an einem Joint. Das stark duftende Grünzeug in Pfeife oder Wickelzigarette war in deutschen Landen gelegentlich als Hanfkraut, „Knaster", „Orient" oder „Starker Tobak" geraucht worden; von der weltreisenden Jugend erhielt die Cannabisdroge ihre exotischen Namen und Tarnnamen zurück, die entweder die harzhaltigen Blätter der Pflanze oder das extrahierte Harz selbst bezeichnen: Marijuana, Mary Warner, Mary Jane; Haschisch, Kif und Dagga; Charas, Bhang oder Ganja; Tea, Gage, Reefer, Muggles, Dope, Shit, Pot, Weed – oder einfach Grass.

Hanf – botanisch *Cannabis sativa* – ist auf der ganzen Welt als Kulturpflanze verbreitet. Er wird nach dem letzten Frost ausgesät und kann in sechs bis sieben Monaten über fünf Meter hoch wachsen. Die meisten Hanfsorten sind zweihäusig – worauf einige Etymologen auch den Namen „Cannabis" – „Zwei-Rohr" – zurückführen (griech.-lat. *canna* aus babylonisch-assyrisch *qanu* = [Schilf-]rohr; eine andere Theorie weist ebenfalls auf assyrischen Ursprung: Cannabis von *qunabu* = Räu-

Die weibliche Cannabis-Pflanze (rechts) wird kräftiger und schwerer als die höher aufschießende männliche (links).

cherwerk). Die weibliche Pflanze wird kräftiger und schwerer als die höher aufschießende männliche. Kaum sichtbare Drüsen, die das umstrittene Harz mit dem psychotropen Wirkstoff Tetrahydrocannabinol – kurz THC – aussondern, sitzen besonders dicht an den Blütenständen und den neu austreibenden, blütennahen Blättern.

Cannabis sativa, deren Urheimat man in Zentralasien vermutet, ist eine der ältesten Nutzpflanzen der Menschheit. Die Bastfaser des Stengels lieferte den ersten geschichtlich bekannten Webstoff, und schon vor über zweitausend Jahren wurde in China die Herstellung von Papier aus Hanfhadern erfunden. Sollte eine Textilfaser extra stark und strapazierfähig sein, wurde Hanf bevorzugt: für den Strick des Henkers wie für Segel und Tauwerk der Schiffe, für Uniformstoffe, Arbeitskleidung, Blue Jeans. Im 19. und 20. Jahrhundert konnten sich die westlichen Nationen immer dann an die Qualitäten des Hanfs erinnern, wenn in Kriegszeiten die Rohstoffe knapp wurden. Ein Nazi-Film aus dem Jahr 1941 verbellt seine Botschaft im Tonfall einer Sondermeldung:

„Die Kriegswirtschaft verlangt die heimischen Fasern. Vielseitig ist die Verwendung: Garne, Netze, Leinenstoffe, Drillichzeug und Zeltbahnen, Schläuche und Gurte werden aus Hanffasern hergestellt. Die Sicherung der Versorgung der Heimat und ganz besonders der Wehrmacht mit unentbehrlichem Gut ist die Aufgabe. Das Landvolk weiß, worum es geht. Der Krieg verlangt den äußersten Einsatz."

Millionen von Haschischrauchern waren schon immer dieser Meinung. Denn Hanf ist – neben dem Alkohol – auch die älteste Droge der Menschheit.

Analysen archäologischer Funde lassen erkennen, daß Hanfblätter und -blüten seit einigen tausend Jahren als Medizin, in kultischen Ritualen und vor allem zum Vergnügen in vielen Regionen der Welt gegessen oder verbrannt und inhaliert wurden: Schon in der Steinzeit war man „stoned". Die Hadzabe im tansanischen Yaéda-Tal, Verwandte der aussterbenden Buschleute, konnten sich als Jäger und Sammler Reste ihrer archaischen Kultur bewahren. Eine aus Stein gebohrte, mit Cannabis gefüllte Pfeife gehört zur abendlichen Entspannung der Männer, Knaben und Frauen.

Bekannt ist die Stelle aus Herodots Viertem „Buch der Geschichte" (5. Jh. v. Chr.) über die Hanfsauna von schamanischen Nomadenstämmen aus der südrussischen Steppe, die er Skythen nannte: Sie verkrochen sich in Spitzzelte aus Stangen und Decken, die sie eng um ein Bronzebecken mit glühendheißen Steinen aufstellten; darauf rösteten sie Hanf, bis sich die Lungen mit dem Rauch füllten und sie vor Vergnügen brummten.

Während Cannabis im alten China schon lange vor unserer Zeitwende als antirheumatische und antibiotische Medizin, aber kaum als Rauschmittel Verwendung fand, hatte die Pflanze in Indien schon früh neben der therapeutischen auch große sakrale und soziale Bedeutung. *Ganja* brachte bei archaischen Fruchtbarkeitsritualen ekstatische Verzückung, gehörte (und gehört) zu Shiva-Kult und tantrischen Riten und wird auf dörflichen (Frühlings-)Festen geraucht, gegessen oder als *Bhang* getrunken.

In Europa war Hanfsamen als ölreiches Nahrungsmittel schon in der Steinzeit geerntet worden; doch die Droge geriet – von sporadischer Erwähnung durch Heilkundler und Literaten abgesehen – in Vergessenheit, bis sie gegen Ende des 18. Jahrhunderts das Interesse von britischen Kolonialtruppen in Indien und napoleonischen Soldaten in Ägypten erregte. Zwei Generationen später begann sie sich in der urbanen Kultur Europas zu etablieren.

Um die Mitte des vorigen Jahrhunderts trafen sich Pariser Künstler und Literaten im Hôtel Pimodan auf der Seine-Insel Saint-Louis, um als

Baudelaire als Haschischraucher. Selbstporträt des Dichters (um 1844)

Mitglieder des „Club des Hachichins" gemeinsam algerischen Haschisch zu probieren und die ungewohnten Aufregungen der eigenen Psyche zu bedichten. Théophile Gautier, Gérard de Nerval und vor allem Charles Baudelaire gehörten dazu, der als einziger kühl analysierte, was wirklich geschah:

„Was empfindet man? was sieht man? Wunderdinge, nicht wahr? außerordentliche Schauspiele? Ist es herrlich? und schrecklich? und sehr gefährlich? – Solche Fragen stellen die Unwissenden, in deren Neugier sich Furcht mischt, gewöhnlich an die Adepten ... Sie stellen sich den Haschischrausch wie ein Wunderland vor, ein ungeheures Theater voller Zauber- und Gauklerkünste, wo alles unerhört und unvorhergesehen ist. Das ist ein Vorurteil und eine vollkommene Verkennung ... Möchten die Weltleute und die Unwissenden, die nach außergewöhnlichen Wonnen lüstern sind, es sich doch gesagt sein lassen, daß sie im Haschisch nichts Wunderbares finden werden, durchaus nichts anderes als die gesteigerte Natur. Auch unter der Einwirkung des Haschisch auf das Gehirn und den gesamten Organismus werden sich nur die bei dem Einzelnen gewöhnlichen Phänomene einstellen, häufiger freilich und kräftiger, doch stets ihrem Ursprung getreu. Der Mensch wird der Bestimmung seines körperlichen und seelischen Temperaments nicht entrinnen: das Haschisch wird für die dem Menschen vertrauten Eindrücke und Gedanken ein Vergrößerungsspiegel sein, doch nur ein Spiegel." (Charles Baudelaire, „Die künstlichen Paradiese")

Man möchte hinzufügen, daß es vom physisch-seelischen Temperament des einzelnen (und von der Qualität des Haschisch) abhängt, ob er außer Kopfbrummen und gelegentlichen Anfällen von Albernheit oder Heißhunger überhaupt etwas erlebt. Gesund – wie manche behaupten – ist auch diese Droge nicht. Auch Cannabisrauch, der besonders tief inhaliert wird, enthält krebserregende Substanzen, und sensible Menschen können durchaus im Rausch paranoide Ängste erleben. Doch im Gegensatz zu unseren legalen Drogen Alkohol und Nikotin führen Cannabinole nicht zu körperlicher Abhängigkeit. Ob durch dauerndes Gewohnheitsrauchen ein Motivationsverlust entstehen oder gar die Intelligenz beschädigt werden kann, ist nicht erwiesen – und wohl auch kaum zu verifizieren.

Die in den USA propagierte Behauptung, Cannabis mache aggressiv, war rassistisch motiviert und sollte vor allem die Marijuana rauchenden „Darkies and Chicanos" – die Schwarzen und die Mexikaner – diskriminieren. Harry Jacob Anslinger hieß der Mann, der als Commissioner im Bureau of Narcotics in den dreißiger Jahren mit erfundenen Horrorstorys eine Kampagne gegen das „Mörderkraut" entfachte, das er „Reefer" nannte. Wir fassen kurz zusammen: Nach wenigen Zügen aus der Reefer-Zigarette wurde der Schwarze („Jim Crow" – der tumbe und unberechenbare Bruder von „Onkel Tom") aufsässig, verlangte menschliche Behandlung und gewerkschaftliche Rechte und mutierte folgerichtig zur Bestie. Die Wahnsinnsdroge gehörte auch zu der Voodoo-Musik aus New Orleans, mit der die schwarzen Männer weiße Frauen in ihren Bann zogen und satanische Ziele verfolgten. Ihre gefährliche Musik nannten sie Jazz, während sie für das Mörderkraut ständig neue Geheimnamen erfanden.

Einer dieser Musiker aus New Orleans erinnerte sich am Ende seiner Karriere: „Ich habe durch Grass eine Menge Schönheit und Wärme erfahren. Das war mein Leben, und ich schäme mich deswegen überhaupt nicht. Mary Warner, mein Liebling, du warst wirklich die Beste!" Der Musiker hieß Louis Armstrong. Unter dem Titel „Muggles" hat er eine seiner berühmtesten Aufnahmen eingespielt.

Anslingers Feldzug, den die Hearst-Presse massiv unterstützte, war erfolgreich: 1937 wurde Hanf in den USA endgültig verboten.

In Europa traf die amerikanische Haßpropaganda auf eine uralte Legende, die Marco Polo vor siebenhundert Jahren durch seinen Bericht

über Hasan-i-Sabbah, den „Alten vom Berge", und dessen ismaelitischen Geheimbund kolportiert hatte. Zur Zeit der Kreuzzüge verbreiteten die *Nizari* mit politischen Attentaten Angst und Schrecken im alten Orient. Sie waren Fundamentalisten der „Neuen Verkündigung", hockten in ihrem ‚Adlerhorst' Alamut im Elburs-Gebirge und konnten sich auf zahlreiche Festungen in den Bergen zwischen Kaspischem Meer und Persischem Golf stützen. Ihre Gegner gaben den Fanatikern den Spottnamen „Haschaschyyin" (Haschischesser), um sie als sektiererische Phantasten bloßzustellen, die man als Rechtgläubiger nicht ernst nehmen durfte. Doch die Überfalltaktik dieser „Assassinen", deren Killerkommandos im Stil der Hisbollah notfalls auch ihren eigenen Tod in Kauf nahmen, beeindruckte französische Kreuzfahrer so nachhaltig, daß in ihrem Wortschatz „Assassin" zum Synonym für den Mörder schlechthin wurde. Damit war die unsinnige Verbindung von Haschisch und Aggression in der Welt.

Hildegard von Bingen wußte es schon im 12. Jahrhundert besser: „Wer ein leeres Gehirn hat und Hanf ißt, dem bereitet er etwas Schmerz im Kopf. Aber dem gesunden Kopf und dem vollen Hirn schadet er nicht." Als kluge Klosterfrau interessierte sie sich mehr für die medizinische Wirkung des Hanfkrauts und empfahl es bei offenen Wunden und Entzündungen ebenso wie als Sedativum bei Fieber und krankhaften Erregungen. Die Cannabinol-Indikationen der modernen Medizin ergänzen die alten Erfahrungen: drucksenkend bei Glaukom, brechreizmildernd und appetitfördernd bei AIDS-Erkrankung und in der Chemotherapie.

Die sanfte Drogengärtnerin Hildegard erinnert uns an die Blumenkinder, die wir irgendwo auf Seite 131 ohne Haschisch in den Taschen verlassen haben. Um „waschu naschen" zu finden, zogen die wandervögelnden Hippies und Rucksacktouristen immer dorthin, wo das Hanfkorn wuchs: am liebsten nach Katmandu in Nepal – oder nach Marokko.

16.
HASCHISCHAT AL-FOQORA

Die Medina im Herzen der tausendjährigen marokkanischen Königsstadt Fès ist ein Ort uralter Zivilisation – und die mögliche Utopie einer überbevölkerten und dennoch humanen Zukunft. Für die Reisenden aus Europa öffnet Fès el Bali die Tore zu einer fremden Welt, in der das Märchenhafte und das irdisch Sinnliche sich mischen und tauschen wie in den Geschichten aus Tausendundeiner Nacht. Hier scheinen die Erzählungen der Scheherezade, die vom Duft der „kifberittenen" Wasserpfeife erfüllt sind, ihren ungebrochenen Fortgang zu nehmen. Zwischen verwitterten Gemäuern, fensterlosen Kasbahs und verschachtelten Innenhöfen verbergen sich Moscheen und Koran-Schulen, ehrwürdig und geheimnisvoll wie Inseln des Geistes im strömenden Leben. Die Hufe der Esel und Maultiere klopfen über das Pflaster im Schatten der ehrwürdigen Mauern von El Kairaouine, der ältesten Universität der Welt.

In der Medina von Fès

In der labyrinthischen Enge von Gassen und Gängen, Treppen und Stiegen, im Gestank der Lohgerbereien, im Duft der Spezereien und

Backwaren, in Qualm und Lärm von Röstöfen und Kesselschmieden beten und betteln, kaufen und verkaufen, leben und arbeiten hundertausend Menschen auf einem Quadratkilometer. Keiner wird ausgegrenzt, jeder hat seinen Ort und seine Tätigkeit, Junge und Alte, Gesunde und Kranke, Kinder und Greise sind in den wunderbar lebendigen, von harten Geräuschen und leisen Stimmen durchfluteten Arbeitsalltag eingebunden und in ihm auf vollkommene Weise zu Hause. Bilder, Töne und Gerüche in den Souks der Händler und Handwerker sinken tief in das Gedächtnis; viel später werden sie im Rauch des Haschisch wieder aus der Erinnerung auftauchen.

Auf der Place en Nejjarîn, dem Markt der Tischler und Kunstdrechsler, kann man sich eine Sibsi kaufen – die Kifpfeife des Maghreb. Sie wird aus einer holzigen Schilfart gebohrt, mit Schnitzereien verziert und bunt bemalt. Es braucht etwa eine Stunde Handwerkskunst, bis die Sibsi fertig ist; sie kostet auch heute noch weniger als zwei Mark. Zuletzt sucht der Schnitzer einen passenden Kopf – entweder aus haltbarem Speckstein oder dem schöneren, zerbrechlichen Ton.

Hier werden die Sibsi – die Kifpfeifen des Maghreb – herge-stellt und verkauft.

Der Souk el Attarin – der Bazar der Gewürzhändler – ist eine Oase der Wohlgerüche und der Stille, in der das leise Sprudeln der Trinkbrunnen wieder hörbar wird. Doch Haschisch und Kif durften schon zu Hippiezeiten nicht auf offener Straße gehandelt werden. Man muß also weiterziehen zum Rif, dem nördlichen Bogen des marokkanischen Atlasgebirges – in das Land der Berber.

Die ursprünglich nomadisierenden Berberstämme sind längst seß-hafte Viehzüchter und Ackerbauern geworden. Sie nutzen die letzten

Hanfernte im Rifgebirge

Waldgebiete des Rif als Sommerweide für Ziegen und Schafe, die terrassierten Berghänge für Obst- und Getreideanbau – und vor allem für ihre Hanffelder. Noch vor wenigen Jahren erwirtschafteten fast 50 000 Hanfbauern Dreiviertel des Sozialprodukts dieser Region. Besonders in der Gegend um Kétama ist die THC-Droge seit Generationen die wichtigste Handelsware.

Ein Tag in der Erntezeit beginnt bei Sonnenaufgang in traditioneller Arbeitsteilung. Die Schicht des Wächters auf dem Dach, der den am Vortag geernteten Hanf vor nächtlichem Diebstahl beschützt hat, geht jetzt zu Ende. Der Clanchef trägt einen grünen Kapuzenmantel und die Verantwortung, während seine Familie arbeitet; mit umständlicher Gelassenheit zündet er sich die frisch gefüllte Sibsi an. „Eine Pfeife Kif vor dem Frühstück gibt dem Mann die Stärke von hundert Kamelen", behauptet ein arabisches Sprichwort. Die Hippies formulierten es weniger patriarchalisch: „Am Morgen ein Joint, und der Tag ist dein Freund."

Die sogenannten Rifkabylen haben eine kriegerische Vergangenheit. Im Befreiungskampf von 1921 bis 1925 brachten sie eine zehnfache Übermacht spanischer und französischer Truppen an den Rand einer Niederlage; modernste Waffentechnik und Giftgas zwangen sie in die Knie. Bis heute konnten die Stammesältesten der weit entfernten Zentralgewalt in Rabat

Um das kostbare „al-haschisch" herzustellen, wird der Harzstaub der Hanfpflanze durch ein Seidentuch gesiebt.

eine lokale Verwaltungsautonomie abtrotzen. Für eine loyale Haltung gegenüber Hassan II. haben sie die inoffizielle Duldung ihres Hanfanbaus eingetauscht. Doch die Bauern pflanzen und ernten in einem rechtsfreien Raum – und können jederzeit vom Feld weg verhaftet werden, da sich die Regierung auf westlichen Druck zu einem Produktionsverbot von THC-Drogen bekennt. Alle Versuche, den pflegeleichten Hanf durch Früchte und Tomaten, Mandeln oder Oliven zu ersetzen, haben bisher wenig Erfolg gehabt, denn mit den anspruchsvollen, arbeitsintensiven Alternativprodukten läßt sich nur ein Bruchteil des Gewinns aus dem Cannabishandel erwirtschaften.

Auf dem ausgedehnten Hanffeld verstreuen sich eine Handvoll Erwachsener und ebenso viele Kinder. Die Pflanzen werden aus der Erde gezogen, durch einen Beilhieb von den Wurzeln getrennt und zusammengebunden. Ein kaum zehnjähriger Junge bepackt sein Maultier mit hochgetürmter Last und treibt es hangaufwärts zum Haupthaus. Auf dem Dach legen die Frauen den Hanf der neuen Ernte zum Trocknen aus. Einige hundert Bündel sind es an diesem Morgen, die in den kommenden Tagen an die einheimischen Kifraucher verkauft werden – oder zur Lagerung in eine dunkle Kammer wandern, da der THC-Gehalt durch Sonnenlicht schnell abgebaut wird.

Der älteste Sohn ist zuständig für die Exportware *al-haschisch*, die hier auch *schira* heißt. Bei der manuellen Herstellung von Haschisch wird der reine Harzstaub aus den getrockneten Pflanzen durch ein feines Seidentuch gesiebt. Zehn Hanfbündel muß er vorsichtig ausklopfen, um fünf Gramm besten Marokks herzustellen, der als erste Auslese im Handel unter der Bezeichnung „Zero-Zero" läuft und zu Hippie-Zeiten „Sputnik" genannt wurde. Das staubige Harz füllt er in Zellophan, drückt es fest zusammen, erhitzt es durch Reiben an seinen Jeans und knetet es mit der Hand zu einer zähklebrigen Masse; für ein ganzes Kilo dieser Luxusware wird er nicht mehr als zweihundert Mark erhalten, während sich die Zwischenhändler, Schmuggler und Dealer den fünfzigfachen Gewinn teilen. Er lebt gefährlich. Die mittelalterlichen Gefängnisse Marokkos kann niemand lange überstehen.

Seine Mutter, die Herrin des Haushalts, bereitet für ihren Gemahl eine vielseitig anregende Spezialität aus vielen Zutaten, die sie zuvor im

Mörser zerstoßen hat. „Majoun"
heißt diese alte und berühmte Rezeptur des Orients, die im 19. Jahrhundert unter anderem Namen
bekannt war: „Die gebräuchlichste
dieser Konfitüren ist der *dawamesk*,
eine Mischung aus fettem Extrakt
mit Zucker und verschiedenen Aro-
maten, wie Vanille, Zimt, Pistazien,
Mandeln, Moschus. Mitunter fügt
man sogar etwas Kanthariden dazu,
einem Zweck zuliebe, der mit den
üblichen Wirkungen des Haschisch
nichts gemein hat." (Baudelaire,
„Die künstlichen Paradiese")

Baudelaires Kanthariden oder
„Spanische Fliege" war ein sexuel-
les Stimulans, das jede Majoun-Bäckerin früher oder später zur Witwe
machte und deshalb aus der Mode gekommen ist. Auch andere Zutaten
scheinen zu variieren: Die Berberfrau ignoriert den Moschus, legt aber
Wert auf Walnüsse, Rosinen, Ingwer, Muskat und nimmt Honig anstel-
le des Zuckers. Für jedes Majoun-Rezept unverzichtbar bleibt jedoch ein
großes Stück Haschisch bester Qualität, das erst am Schluß in den zäh-
flüssigen Teig gebröckelt wird. Das fertige Konfekt wird nach dem Erkal-
ten in Gläser gefüllt und schmeckt so gut, daß dringend vor einer
gefährlichen Überdosis gewarnt werden muß! Bevor Sie es nachbacken,
fragen Sie Ihren Arzt und Ihren Rechtsanwalt.

Ein weiteres Mitglied der verzweigten Sippe beschäftigt sich mit der
Herstellung von rauchfertigem *Kif* aus dem Bündel getrockneten Hanfs.
Zuerst müssen alle Pflanzenteile ausgemustert werden, die wenig oder
gar kein THC enthalten. Vor allem die Samen werden sorgfältig entfernt,
denn sie verderben das Aroma und entfachen mit ihrem Fettgehalt

*Herstellung des
rauchfertigen Kif
für den eigenen
Verbrauch*

einen ungleichmäßigen Brand. Der gute Rest wird abgerippt, wie Petersilie möglichst fein geschnitten und schließlich mit etwas Tabak vermischt, der „wie das Salz in der Suppe" dazugehört. Eine zeitraubende Arbeit: Für die Zubereitung seiner Tagesration braucht ein Kifraucher eine volle Morgenstunde.

Mit der Dämmerung kommt für die Männer die beste Zeit des Tages: In Cafés und Teestuben setzen sie sich zusammen, um Pfefferminztee zu trinken und Kif zu rauchen, der – wie der Alkohol bei uns – die Zunge lösen und die Gedanken vorwärmen kann. Dem tieferen Sinn des Wortes „Kif" kommt ein italienischer Ausdruck am nächsten: dolce far niente. Für das „dolce" sorgt Musik aus dem Radio: Die besten Lieder von Om Kalsoum, der größten Sängerin der arabischen Welt, waren eine Hommage an *haschischat al-foqora*, das Kraut der Armen, das Grass der Blumenkinder.

17.
GEGENWELTEN

Die Blumenkinder sind verschwunden. Uns bleibt die Frage, ob wir das Rauschmittel Cannabis jemals so natürlich in unseren Lebensalltag einfügen können, wie es in orientalischen Ländern gelungen ist – oder ob unsere Kultur vielleicht nie die Rezeptoren für einen entspannten Umgang mit Haschisch und Marijuana entwickeln wird. Um ein unverkrampftes Konsumverhältnis bemüht sich in Europa eine überwiegend jugendliche Alternativszene. Doch als Zeuge eines Berliner Verkaufsgesprächs, das den Charme einer Avon-Beratung ausstrahlt, wird man gewissen Zweifeln anheimfallen:

Dealer: „Was wollt ihr'n haben?"

Kunde: „Was hast du'n mit?"

Dealer: „Also ich hab' da im Moment zwei Sorten Marokk, einmal Standard achtfuffzig, Plattenmarokk, und dann 'n besseren Plattenmarokk für vierzehn."

Kundin: „Ich kann das nicht unterscheiden ..."

Dealer: „Das gibt einfach 'n besseren Törn."

Kunde: „Der ist intensiver ..."

Kundin: „Ja, echt?"

Kunde: „Das muß aber nichts heißen."

Dealer: „Nicht unbedingt. Dann hab' ich noch 'n bißchen Schwarzen Afghanen da, und als Grass hab' ich nur den Superskunk da, das ist das holländische Treibhausgrass."

Kunde: „Das ist doch auch gentechnologisch beeinflußt worden ..."

Dealer: „Das ist genmanipuliert, ja. Das hat sehr viel THC drin, deswegen wirst du davon auch superlange fett."

Kunde: „Total breit."

Dealer: „Vier, fünf Stunden, das macht dich richtig platt."

Der genmanipulierte „Skunk" aus den Niederlanden, ein THC-angereichertes, unbekömmliches und seinen Namen rechtfertigendes Kraut, dominiert inzwischen den Markt – kein gutes Zeugnis für das Niveau der Szene. Während den Ländern der südlich-warmen Zonen das Recht auf ihren traditionellen Anbau von natürlicher *Cannabis sativa* abgesprochen wird, können EG-Länder ein neues, minderwertiges Zuchtprodukt mehr oder weniger ungehindert auf den Markt bringen. In diesem Sinn ist auch die Idee aus dem nördlichsten Bundesland, volkseigene THC-Pflanzen zu züchten, nicht nur so abenteuerlich wie finnische Weintrauben, sondern auch gegenüber Ländern wie Marokko zutiefst unsolidarisch.

„Die Reaktionen auf den geplanten Cannabis-Verkauf in schleswig-hol-steinischen Apotheken folgen den bekannten Streitlinien. Was für die einen Teufelswerk ist, werten die anderen als ebenso mutiges wie not-wendiges Experiment. Neue Argumente gibt es kaum, im Bundestag pöbelt man sich an, die Wirklichkeit wird ausgeblendet, und man lebt allenthalben vom Prinzip Hoffnung."
(Horst Eylmann, MdB/CDU und Vorsitzender des Rechtsausschusses, in der ZEIT vom 27.12.96)

Drogenpolitik ist sicher kein Forum für Multiple-choice-Entscheidungen mit den Antworten ja/nein/weiß nicht: Was immer man hier ankreuzt, ist falsch. Doch bis die offenen und versteckten Widersprüche im Umgang unserer Gesellschaft mit Rauschmitteln nicht beseitigt sind, bleibt jede parlamentarische Debatte zu diesem Thema durch die Dispa-rität der Argumente und das Ausbleiben von Konsequenzen Spiegel-fechterei.

Angesichts von vierzehnjährigen Nikotinsüchtigen und sechzehn-jährigen Alkoholikern sollte man Haschisch und Marijuana nicht mehr als Einstiegsdrogen bezeichnen. Doch sie bleiben Einstiegswaren für eine Karriere als Dealer und Drogenhändler, solange sie nicht legalisiert sind. Haschisch und Marijuana haben schon einmal – in den hochge-fährdeten Zeiten der sechziger und siebziger Jahre – viel bedrohlichere Drogen an den Rand gedrängt. Wenn der Gesetzgeber sie jedoch weiterhin den lebensgefährlichen Suchtstoffen gleichstellt, wird auch der Cannabis-Handel endgültig in die Hände der internationalen Drogen-kartelle fallen – oder das sanfte Grass muß im Schneegestöber der neuen Chemiedrogen untergehen.

Ein wirksames Gesetz nach dem Beispiel der USA zur Aufdeckung und Konfiszierung von Drogengeldern ist so lange nicht möglich, wie die Lobby der Großbanken im Interesse ihrer lichtscheuen Anleger „das Bankgeheimnis verteidigt". Der unaufhörlich fließende Strom von krimi-nell erworbenem Kapital staut sich zu ungeheuren Summen und wird in den kommenden Jahren einen kaum noch kontrollierbaren Druck auf das wirtschaftliche und rechtsstaatliche Gefüge der westlichen Gesell-schaften ausüben – den Druck einer „Gegenwelt".

„Nach aller Erfahrung [ist] dem Drogenproblem jedenfalls allein mit einer strafrechtlichen Verfolgung der Anbieter nicht wirksam beizukommen ... Auch wenn Europa, wie jetzt angestrebt, enger zusammenarbeitet, kann die Polizei vielleicht einzelne Schlachten gewinnen, aber nicht den Krieg. Solange genug Abnehmer vorhanden sind, werden die Drogenhändler Mittel und Wege finden, ihre Geschäfte zu machen."
(Horst Eylmann)

Sind also die „Abnehmer" schuld? Die sniffenden Kinder, die Ecstasy-User unter den Heranwachsenden, die Kokain-Abhängigen, die Heroin-süchtigen? Alle kleinen und großen Menschen, die sich selbst oder „das Leben" oder „die Realität" nicht ertragen können ohne „a little help from my friends"? Die lieber in eine Gegenwelt flüchten, als es in dieser „Welt, wie sie ist", auszuhalten?

Drogensucht ist nicht die Krankheit unserer Gesellschaft. Sie ist nur das Symptom einer Krankheit, deren Krisis uns noch bevorsteht. Erste Bedingung für jede Hoffnung auf Besserung wäre die Wiederent-deckung der sozialen Solidarität.

Neo-Kapitalismus und das liberalistische Programm des Laisser-faire („der freie Wettbewerb wird es schon richten") überfordern den „Contrat social" und zerstören das Immunsystem im sozialen Organismus. Es sind ideologische Infektionen des 19. Jahrhunderts, die wir überwunden glaubten. Gegen ihre Wiederkehr gab es offenbar keinen Impfstoff.

Die Menschen im frühindustriellen Europa konnten alle Anstrengungen, Entbehrungen, Demütigungen und Schuftereien, mit denen sie uns, die Nachkommen der dritten und vierten Generation, in eine Wohlstandsgesellschaft gebettet haben, nur ertragen, weil sie ein selbstloses Ziel verfolgten („unsere Kinder sollen es einmal besser haben") und zugleich eine solidarische Utopie besaßen, der sie im Kampf für „Freiheit, Gleichheit, Brüderlichkeit", für Demokratie und Emanzipation, mit dem Aufbau von politischen Parteien, Gewerkschaften und Sozialversicherungen schrittweise näherkamen. Die Verirrungen des 20. Jahrhunderts gründeten noch in derselben, aus geduckter Perspektive verzerrten Utopie, die mit menschenverachtender Energie zielbewußt mißbraucht wurde.

Den Nachgeborenen droht Gefahr von einer anderen Art Zynismus: Sie zeigt sich im Ausgrenzen der Schwächeren, im Abdrängen großer Teile der Bevölkerung von den Produktionsmitteln, im Verweigern des Grundrechts auf Arbeit, auf Teilhabe am kollektiven Wohlstand. In diesem Klima von Gleichgültigkeit, Frustration und Existenzangst suchen immer mehr Menschen nach Notausgängen – Drogensucht ist nur einer davon.

„Doch ihr, ich bitte euch, wollt nicht in Zorn verfallen, denn alle Kreatur braucht Hilf von allen." (Bert Brecht)

AUSGEWÄHLTE LITERATUR

Literatur-Empfehlung:
Hartwig, Karl-Hans/Pies, Ingo: Rationale Drogenpolitik in der Demokratie, Tübingen 1996

Aus der Vielzahl der Literatur zum Thema wurde vom Verlag folgende Auswahl getroffen:

Allegro, John M.: Der Geheimkult des heiligen Pilzes. Rauschgift als Ursprung unserer Religion, Wien/München/Zürich 1970

Anger, Kenneth: Hollywood Babylon, Frankfurt/M. 1992

Arnau, Frank: Rauschgift. Träume auf dem Regenbogen, Luzern/Frankfurt/M. o.J.

Bauer, Wolfgang u.a.: Der Fliegenpilz. Ein kulturhistorisches Museum, Köln 1991

Baumann, Peter/Patzelt, Erwin: Das Amazonas Dschungelbuch, Berlin 1980

Behr, Hans-Georg: Von Hanf ist die Rede. Kultur und Politik einer Droge, Reinbek 1994

Benjamin, Walter: Über Haschisch, Frankfurt/M. 1972

Bertololy, C.: Der Morphinismus und seine Behandlung, Straßburg 1912

Bibra, Ernst Freiherr von: Die narkotischen Genussmittel und der Mensch, Nürnberg 1855

Biedermann, Hans: Hexen. Auf den Spuren des Phänomens, Graz 1974

Bowles, Paul/Mrabet, Mohammed: M' hashish - Geschichten aus Marokko, München 1969

Brau, Jean-Louis: Vom Haschisch zum LSD, Frankfurt/M. 1968

Burroughs, William S.: Junkie/Auf der Suche nach Yage/Naked Lunch/Nova Express, Frankfurt/M. 1978

Comporesi, Piero: Brot der Träume. Hunger und Halluzinationen im vorindustriellen Europa, Frankfurt/M. 1990

Diószegi, V.: Glaubenswelt und Folklore der sibirischen Völker, Budapest 1963

Donner, Wolf: Thailand ohne Tempel, Frankfurt/M. 1984

Dörfler,Hans Peter/Roselt, Gerhard: Heilpflanzen, Leipzig/Jena/Berlin 1984

Duerr, Hans-Peter: Traumzeit. Über die Grenze zwischen Wildnis und Zivilisation, Frankfurt/M. 1978

Eisenbach-Stangl, Irmgard: Eine Gesellschaftsgeschichte des Alkohols. Produktion, Konsum und soziale Kontrolle alkoholischer Rausch- und Genußmittel in Österreich, Frankfurt/M. 1991

Eliade, Mircea: Schamanismus und archaische Ekstasetechnik, Frankfurt/M. 1982

Eliade, Mircea/Jünger, Ernst: Drogen und Rausch, Stuttgart 1968

Fischer, Lothar: Anita Berber. Tanz zwischen Rausch und Tod, Berlin 1988

Frank, Mel/Rosenthal, Ed: Enzyklopädie des Marihuana-Anbaus, Linden 1982

Friedrich, Adolf/Buddruss, Georg: Schamanengeschichten aus Sibirien, München o.J.

Fühner, F.: Solanazeen als Berauschungsmittel. Eine historisch-ethnologische Studie, Bonn 1925

Geist, Rainer: Hexen, Teufel und Dämonen, Zürich 1990

Gelpke, Rudolf: Drogen und Seelenerweiterung, München o.J.

Gelpke, Rudolf: Vom Rausch im Orient und Okzident, Stuttgart 1995

Ginzburg, Carlo: Hexensabbat. Entzifferung einer nächtlichen Geschichte, Berlin 1990

Gloger, Bruno/Zöllner, Walter: Teufelsglaube und Hexenwahn, München 1983

Golowin, Sergius: Die Magie der verbotenen Märchen. Von Hexendrogen und Feenkräutern, Hamburg 1973

Graichen, Gisela: Die neuen Hexen. Gespräche mit Hexen, Hamburg 1986

Haag, Stefan: Hanfkultur Weltweit, Löhrbach o.J.

Haerkötter, Gerd und Marlene: Hexenfurz und Teufelsdreck. Liebes-, Heil- und Giftkräuter: Hexereien, Rezepte und Geschichten, Frankfurt/M. 1990

Hai, Hainer: Das Definitive Deutsche Hanf Handbuch, Löhrbach o.J.

Haining, Peter: Hexen. Wahn und Wirklichkeit in Mittelalter und Gegenwart, Oldenburg/Hamburg 1977

Hall, Angus/Kingston, Jeremy: Hexerei und Schwarze Kunst, o.O., o.J.

Hartmann, Walter: Kokain, Linden 1990

Henschel, W. F. (Hrsg.): 1. Europäisches Analgesieforum: Die Analgesie im Mittelpunkt der Anästhesie, München/Wien/Baltimore 1991

Herer, Jack (Hrsg.: Bröckers, Mathias): Die Wiederentdeckung der Nutzpflanze Hanf. Cannabis Marihuana, Frankfurt/M. 1993

Höhle, Sigi u.a.: Rausch und Erkenntnis. Das Wilde in der Kultur, München 1986

Hofmann, Albert: LSD - mein Sorgenkind. Die Entdeckung einer „Wunderdroge", München 1993

Gespräch mit dem Forscher und LSD-Entdecker Albert Hofmann: Drogen? Natürlich. In: Kultur 29, 7. April 1993

Hoppál, Mihály: Schamanen und Schamanismus, Augsburg 1994

Huxley, Aldous: Die Pforten der Wahrnehmung/Himmel und Hölle, München 1996

Ders.: Eiland, München 1996

Jacobs, Peter: Amapola. Die geheime Macht des Drogenimperiums, Berlin 1989

Joel, Ernst/Fränkel, F.: Der Cocainismus. Ein Beitrag zur Geschichte und Psychopathologie der Rauschgifte, Berlin 1924

Jünger, Ernst: Heliopolis. Rückblick auf eine Stadt, Tübingen 1949

Kandenberg, Phillip: Das Geheimnis der Orakel. Archäologen entschlüsseln das bestgehütete Mysterium der Antike, o.O., o.J.

Kindermann, Walter: Drogen. Abhängigkeit, Mißbrauch, Therapie, München 1991

Klaschik, Eberhard/Nauk, Friedemann: Medikamentöse Schmerzbehandlung bei Tumorpatienten, Bonn 1991

Kotschenreuther, Hellmut: Das Reich der Drogen und Gifte, Berlin 1978

Kubin, Alfred: Dämonen und Nachtgesichter, München o.J.

Kupfer, Alexander: Die künstlichen Paradiese. Rausch und Realität seit der Romantik, Stuttgart/Weimar 1996

Kupfer, Alexander: Göttliche Gifte. Kleine Kulturgeschichte des Rausches seit dem Garten Eden, Stuttgart/Weimar 1996

Leland, Charles G.: Aradia. Die Lehre der Hexen, München o. J.

Leonhardt, Rudolf Walter: Haschisch Report. Dokumente und Fakten zur Beurteilung eines sogenannten Rauschgiftes, München 1970

Leuenberger, Hans: Zauberdrogen. Reisen ins Weltall der Seele, Stuttgart 1969

Levinstein, E.: Die Morphinsucht. Eine Monographie (nach eigenen Beobachtungen), Berlin 1877

Lewin, Louis: Phantastica. Die betäubenden und erregenden Genußmittel (Neuauflage der Ausgabe von 1927), Linden 1980

Liggenstorfer, Roger/Rätsch, Christian (Hrsg.): Maria Sabina. Botin der heiligen Pilze, Solothurn 1996

Marzell, Heinrich: Zauberpflanzen und Hexentränke, o.O., o.J.

Meder, Oskar: Drogen: Alkohol, Nicotin, Halluzinogene und Opiate. Chemische und gesellschaftliche Aspekte (Hrsg.: AG Naturwissenschaften. Sozial. Bearb. v. Kremer) 1985

Metzner, Wolfgang/Thamm, Berndt Georg: Drogen. Heroin, Haschisch, Kokain, Speed, Hamburg 1989

Michaux, Henri: Unseliges Wunder. Das Meskalin, München 1986

Niemetz, Alexander: Die Kokain Mafia, München o.J.

Observatoire géopolitique des drogues (Hrsg.): Der Welt Drogen-Bericht, München 1993

Oss, O. T./Oeric, O. N.: Psilocybin. Ein Handbuch für die Pilzzucht, Linden 1981

Ott, Jonathan: Ayahuasca Analoge. Pangoeische Entheogene, Löhrbach o.J.

Palmer, Cynthia/Horowitz, Michael/Rippchen, Ronald: Tänzerinnen zwischen Himmel und Hölle. Frauen erzählen ihre Rauscherfahrungen, Löhrbach o.J.

Pampuch, Thomas/Echalar, Augustin A.: Bolivien, München 1993

Peukert, Will: Der nacherlebte Hexensabbath. Zu Will Peukerts Selbstversuch mit Hexensalben, Forschungsfragen unserer Zeit. Paehl. Oberbayern 7, 1960

Rätsch, Christian: Hanf als Heilmittel. Eine ethnomedizinische Bestandsaufnahme, Löhrbach 1992

Ders.: Lexikon der Zauberpflanzen aus ethnologischer Sicht, Wiesbaden 1988

Ders.: Pflanzen der Liebe. Aphrodisiaka in Mythos, Geschichte und Gegenwart, Aarau 1995

Redlich, Fritz: Rauschgifte und Suchten, Bonn 1929

Reiter, Sabine u.a.: Kokain. Eine ausgewählte Bibliographie, Berlin 1991

Reko, Victor A.: Magische Gifte: Rausch- und Betäubungsmittel der neuen Welt, Stuttgart 1938

Rippchen, Ronald (Hrsg.): Zauberpilze, Löhrbach 1993

Sahihi, Arman: Designer-Drogen. Gift, Sucht und Szene, München 1989

Sallmann, Jean-Michael: Hexensabbat. Abenteuergeschichte, Ravensburg 1991

Sandgruber, Roman: Bittersüße Genüsse. Kulturgeschichte der Genußmittel, Wien/Köln/Graz 1986

Scheiblich, Wolfgang: Rausch, Ekstase, Kreativität. Dimensionen der Sucht, Freiburg o.J.

Schmidbauer, Wolfgang/Scheidt, Jürgen von: Handbuch der Rauschdrogen, Frankfurt/M. 1992

Schneider, Klaus u.a.: Drogen und Sucht in Romanen und Jugendbüchern, 1988

Schuldes, Bert Marco: Psychoaktive Pflanzen, Löhrbach o.J.

Schulte, Dirk F.: Der Fliegenpilz. Herkunft, Bedeutung und Anwendung, Amsterdam 1989

Schultes, Richard E./Hofmann, Albert: Pflanzen der Götter. Die magischen Kräfte der Rausch- und Giftgewächse, Aarau 1995

Schweer, Thomas/Strasser, Hermann: Cocas Fluch. Die gesellschaftliche Karriere des Kokains, Opladen 1994

Sebald, Hans: Hexen damals - und heute?, Bindlach 1993

Shapiro, Harry: Drugs und Rock'n Roll. Rauschgift und Popmusik, Wien 1988

Siegel, Ronald K.: Rauschdrogen. Sehnsucht nach dem künstlichen Paradies, Frankfurt/M. 1995

Simonis, Werner Ch.: Genuss aus dem Gift. Herkunft und Wirkung von Kaffe, Tee, Kakao, Tabak, Alkohol und Haschisch, in: Sozialhygienische Schriften, Freies Geistesleben, 1991

Springer, Axel: Kokain. Mythos und Realität, Wien 1989

Stafford, Peter: Cannabis. Haschisch und Marihuana, Linden 1980

Ders.: LSD. Lysergsäure- Diäthylamid, Linden 1980

Ders.: Meskalin, Peyote und verwandte Kakteen, Linden 1980

Ders.: Psilocybin und andere Pilze, Linden 1980

Stafski, Heinz: Aus alten Apotheken, München o.J.

Taeger, Hans-Hinrich: Spiritualität und Drogen, Markt Erlbach 1988

Taeger, K.: Opioide in der Anästhesie, in: Anästhesiologie/Intensivmedizin 1/2, Balingen 1994

Täschner, Karl-Ludwig/Richtberg, Werner: Koka und Kokain. Konsum und Wirkung, Köln 1988

Thamm, Berndt Georg: Andenschnee. Die lange Linie des Kokains, Basel 1986

Villoldo, Alberto/Krippner, Stanley: Heilen und Schamanismus. Dokumente anderer Wirklichkeiten, Basel 1986

Völger, Gisela/Welck, Karin v. (Hrsg.): Rausch und Realität. Drogen im Kulturvergleich, Köln 1981

Wallhauser, Karl (Hrsg.): Seufzer — Das große Buch vom Alkohol, Bugrim 1987

Wallraff, Günther: Mescalin. Ein Selbst-versuch, Berlin 1968

Wasson, R. Gordon/Hofmann, Albert/Ruck, Carl A.: Der Weg nach Eleusis, Frankfurt/M. 1984

Wöbcke, Manfred u.a.: Rauschdrogen, Berlin 1981

REGISTER

BILDNACHWEIS

Der Verlag dankt allen nachstehend Genannten, die Fotografien zu diesem Buch lieferten oder die Erlaubnis gaben, rechtsgeschütztes Material abzudrucken. Wir haben uns größte Mühe gegeben, alle Inhaber solcher Rechte ausfindig zu machen; sollten uns dennoch Fehler und Versäumnisse unterlaufen sein, bitten wir dies zu entschuldigen.

Adelhauser Museum/Natur und Völkerkunde, Freiburg i.Br: 49
Pablo Amaringo: 47, 67, 75, 76
Archiv für Kunst und Geschichte, Berlin: 23, 26 (Foto Werner Forman)
Bibliothèque Nationale, Paris: 27, 29
Elizabeth Blackwell, „Herbarium Blackwellianum": 131
Bildarchiv Preußischer Kulturbesitz: 37 (Foto Germaine Krull), 113,118
Axel Brandt: 17, 18
Codex latinus 1942: 136
Codex Magliabecchiano: 60
F. Coray, Luzern: 32 (oben)
Curtis Botanical Magazine 1847: 50
dpa, Frankfurt/M.-Düsseldorf: 121, 123 (Foto: Roland Scheidemann), 125 (Foto: Arne Dedert)
Peter T. Furst: 59
Dr. Roland Garve: 14, 21, 22
Martin Haseneier: 32 (unten)
Heraklion Museum, Kreta: 87
Dr. Albert Hofmann: 34
Ursula Hutt: 25, 51, 52, 53, 54, 56, 57, 62, 63, 66, 69, 71, 72, 73, 74, 77, 78, 79, 80, 82, 93, 99, 104, 105, 107, 108,109, 110, 111, 115, 127, 137, 138, 139, 140, 141, 142, 143, 144
Janssen-Cilag GmbH, Neuss: 98
Keystone, Hamburg: 119, 120
Musée de L'Elysée (Collection Favrod), Lausanne: 84
Humphrey Osmond: 19
Österreichische Nationalbibliothek, Wiener Dioscurides: 85
Rama: 39
Bernard Schargorodsky, Herzberg/Hz.: 145
Ullstein Bilderdienst, Berlin: 89 (Quincey, nach J. Archer), 130
Urania-Verlag: 30, 31, 33 (Zeichn. v. Ruth u. Heinz Weber)
VG Bild-Kunst, Bonn 1997: 13, 43, 92, 114